Everyday Gaelic

Morag MacNeill

The Author acknowledges assistance from the Gaelic Books Council in the production
of this book/CD, and would also like to thank her husband Finlay for his unfailing
encouragement and support in producing this new edition.

This edition first published in 2006 by
Birlinn Limited
West Newington House
10 Newington Road
Edinburgh
EH9 1QS

www.birlinn.co.uk

Reprinted 2006, 2007, 2010, 2014, 2015, 2018, 2019

First published in 1984 by Gairm Publications, Glasgow

Book only
ISBN: 978 1 84158 340 2

Book and CD
ISBN: 978 1 84158 370 9

British Library Cataloguing-in-Publication Data
A catalogue record for this book is available from the British Library

Designed and typeset by Sharon McTeir
Printed and bound by Bell & Bain Ltd, Glasgow

Preface

Everyday Gaelic is more than a foreign phrase book. Since English is also spoken in the Gaelic-speaking areas, communication in Gaelic is not so much a matter of necessity as of choice and interest.

This book, therefore, covers more than just the phrases needed by an outsider in a foreign land – it also dips into the chatty, the personal and domestic aspects of the language. It ranges from simple words and phrases to the more complex and idiomatic.

Hopefully it will serve the non-speaker of Gaelic who wishes to utter the odd phrase and get an idea of the language, the person whose parents spoke Gaelic and who understands it but is unwilling to 'try his hand', and also the keen learner, who might like to gain a greater scope of everyday phrases than those contained in grammar books of the language.

Obviously the whole of the Gaelic language cannot be contained in one book. Therefore a selection has had to be made of those words and phrases most likely to be useful in everyday situations. If this selection has been successful, the reader will find the book not only informative but also interesting.

The above preface still stands for this new edition. However, some of the language has been updated, as well as the numbering system, weights and measures, Public Office Names, modern technology words, etc., to reflect the general change in lifestyle in the past twenty years.

In view of the greater numbers of children now attending Gaelic medium schools, many with enthusiastic Gaelic learner parents, I have also extended the 'Talking with Children' section to include some phrases relevant to the situation.

Gaelic hill/outdoor names are also of great interest to learners, and some of these have been added.

Also a feature of this new edition is the inclusion of a section on jokes and sayings: One-liners.

Morag MacNeill
Inverness
February 2006

Contents

A

A

Pronunciation

The Gaelic alphabet consists of only 18 letters: there is no J K Q V W X Y or Z. However there are sounds in Gaelic quite different from English, which are made up of combinations of letters. Once these are mastered, Gaelic spelling and pronunciation is very consistent.

As in English, there are five vowels A E I O U.

E and I are considered slender vowels, while A O U are broad. Gaelic spelling observes a balance – where a slender vowel comes before a consonant or consonant group in the middle of a word, then normally a slender vowel will come after also, and likewise with a broad vowel.

The accent, always over a vowel, denotes that the vowel is *long* e.g. bata (a stick) = battuh (as in 'batter') *but* bàta (a boat) = bah·tuh (as in 'calm'), except in the cases of à 'out of' and às 'out of the', where the a is short.

In traditional Gaelic there is/was also an acute accent which could be found over the letters 'e' and 'o'. These not only denoted length but also the quality of the vowel sound, the *e acute* giving an ae sound as in 'day', while the *e grav* denoted an eh sound as in 'ten'; *o acute* gave 'oe' as in 'grow', and *o grav* gave 'aw' as in 'paw'. I'm very much in favour of retaining this distinction, but 'modern' Gaelic has dictated that all acute accents should be discarded in favour of all grav accents. Since I had no editorial control over the first edition of Everyday Gaelic, 'modern' Gaelic was used. Therefore I have decided to go with the flow in this edition also.

At first sight to the English-speaker, written Gaelic looks impossible to pronounce. But once it is understood that the letter 'h' is never sounded as such, and is there only to influence the sound of the consonants, then the picture clears. (When followed by an 'h' the letters d, f, s and t can become totally silent!)

In this book not only is the proper Gaelic spelling given, but it is supplemented by the imitated pronunciation, which reproduces the Gaelic sounds in a written form more recognisable to the English-speaking reader. Any imitated pronunciation, however, can only be an approximation to the original. Where possible the learner should listen to the native Gaelic-speaker – this will help improve his 'blas' or accent.

A Imitated Pronunciation

The imitated pronunciation *should be read as if one was reading English*, but keeping a few points in mind:

1 Stress marks have been omitted to avoid over-complexity. *Stress in Gaelic words is generally on the first syllable of the word.* As in English, short words like *a, an, air, do, le, anns,* etc are unstressed.

2 The 'pointing' in the middle of words (g·ee·urry) is to make the sound more easily and accurately read, and does *not* denote any kind of gap or stop in the voice.

3 a should be said as in c<u>a</u>t
   ah as in c<u>ar</u>
   e, eh as in l<u>e</u>t
   u, uh as in b<u>u</u>t (or more precisely as an indiscriminate 'u' sound as in inf<u>a</u>nt or list<u>e</u>n)
   ae as in p<u>a</u>l<u>e</u>, f<u>ai</u>l, etc
   oe as in h<u>oe</u>
   aw as in l<u>aw</u>
   g hard as in gap
   tch as in <u>ch</u>air, it<u>ch</u>, etc
   ñ as in u<u>n</u>ion (a combination of n + y together)

Sounds not common in English:

   eu should be said as in French 'fleur' (or as an Englishman (not a Scot!) would say bi<u>r</u>d, he<u>r</u>, bu<u>r</u>n, etc)

   ch as in Bach, loch (a gutteral sound as if trying to clear a fish-bone from the back of the mouth!)

   gh a blown-through hard g (the same sort of sound as in 'ch' above, but slightly voiced, and achieved by placing the bridge of the tongue in the roof of the mouth – it can't be too difficult – most babies achieve this 'ghh' sound before proper speech!)

   <u>t</u>, <u>d</u>, <u>l</u>, <u>n</u> (individually underlined) said basically the same as in English but 'thickened', not spat out. This is achieved by placing the tip of the tongue behind the top front teeth while sounding the t, d, l or n. (*Non*-underlined t, d, l, n are as in English).

B

Basic Grammar

This section contains a brief outline of some of the more basic facets of Gaelic grammar. It should not be studied in detail by the faint-hearted 'dipper' who could be put off by the seeming complexity of the rules.

Once these rules are learned, however, Gaelic deviates very little into the irregularities and inconsistencies which can be experienced in the learning of other languages.

For ease of reference some grammatical lists have been given in the main body of the book, where particularly relevant. The localities of these lists, and of examples illustrating grammatical points, are given in this section.

1 WORD ORDER

In Gaelic, the verb comes at the beginning of the sentence, whether a question or a statement. The Question form of the verb is not the same as the statement form as is the case in English.

e.g. The house *is* small = *Tha* an taigh beag (lit. is + the house + small)
Is the house small? = *A bheil* an taigh beag? (lit. is? + the house + small)

The word order of a simple sentence, therefore, is *verb + subject + object*

e.g. The boy hit the dog = Bhuail an gille an cù (hit + the boy + the dog)
The dog bit the boy = Bhìd an cù an gille (bit + the dog + the boy)

Adjectives *follow* the nouns they qualify e.g. a big house = taigh mòr (a house + big).

2 ASPIRATION (LENITING)

These are terms used to describe how the start of a word is altered when affected by certain other words.

In writing – it means simply that an 'h' is added after the first letter of the word.
e.g. a big shoe = bròg m<u>h</u>òr; very good = glè m<u>h</u>ath;
my, your, his house = mo, do, a <u>th</u>aigh.
Note however that vowels and the letters l, r, sg, sm, sp and st cannot be aspirated in this way.

In speech – aspiration describes a breathing through the first letter of the word affected.
e.g. big = mòr (*more*) mhòr (*vore*)
cold = fuar (*foo·ur*) fhuar (*oo·ur*)

3

Examples of the effect of aspiration on a letter or sound can be seen throughout the book.

B

3 PERSONAL PRONOUNS

These forms are for both subject and object, i.e. I hit him = Bhuail mi e; He hit me = Bhuail e mi.

Gaelic also makes much use of emphatic and reflexive forms of the pronoun. In English this emphasis could be achieved only by placing vocal stress on the pronoun.

	Pronoun	*Emphatic form*	*Reflexive form*
I/me	mi	mise (*me*)	mi fhìn (myself)
you	thu	thusa (*you*, etc)	thu fhèin (yourself, etc)
he/him/it (masc)	e	esan	e fhèin
she/her/it (fem)	i	ise	i fhèin
we/us	sinn	sinne	sinn fhìn
you (pl or polite sing See p 17)	sibh	sibhse	sibh fhèin
they/them	iad	iadsan	iad fhèin

4 NOUNS

All nouns in Gaelic are either masculine or feminine in gender. The gender of nouns is given in any Gaelic dictionary and has to be learned as you go along.

Indefinite Article

There is no indefinite article in Gaelic. The noun alone is used.

e.g. a hat = ad
  a man = duine

Definite Article

There are a number of forms of 'the' in Gaelic. In the singular, the most common are *an, am* (before the letters b, p, f, m) and *a'*, and *na* in the plural. The correct form depends on the gender, case and first letter of a noun.

The first letter groupings for declension into which regular nouns fall are:

Group 1 b p c m g
Group 2 d t l n r
Group 3 a e i o u
Group 4 f
Group 5 s

A summary of the declension of these noun groups is as follows:

Group 1 e.g. am ḇàrd – the poet (*masculine*); a' ḇhròg – the shoe (*feminine*)

	Singular	Plural	Singular	Plural	
Nominative (the ...)	am bàrd	na bàird	a' bh ròg	na brògan	**B**
Genitive (of the ...)	a' bhàird	nam bàrd	na bròige	nam bròg(an)	
Dative (at, on the ...) (Preposition)	a' bhàrd	na bàird	a' bh ròig	na brògan	

Group 2 e.g. an doras – the door (masc); an daolag – the beetle (fem)

Nominative	an doras	na dorais	an daolag	na daolagan
Genitive	an dorais	nan doras	na daolaige	nan daolag(an)
Dative	an doras	na dorais	an daolaig	na daolagan

This gives the general pattern. Below are given the other Groups (article and start of word only). The main stem of the word follows the above pattern (i.e. **singular** – adding 'i' in the masculine genitive, and 'i' and 'e' in the feminine genitive, and 'i' in the feminine dative. **Plural** – adding 'i' to the nominative masculine and 'an' to the nominative feminine).

		Group 3		Group 4		Group 5	
		masc	fem	masc	fem	masc	fem
Sing	Nom	an t-u	an o	am f	an fh	an s	an t-s
	Gen	an u	na h-o	an fh	na f	an t-s	na s
	Dat	an u	an o	an fh	an fh	an t-s	an t-s
Pl	Nom	na h-u	na h-o	na f	na f	na s	na s
	Gen	nan u	nan o	nam f	nam f	nan s	nan s
	Dat	na h-u	na h-o	na f	na f	na s	na s

Some other nouns change internally in declension, e.g.:
    fiadh (a deer) > fèidh
    bòrd (a table) > bùird

Most Gaelic dictionaries give the declension of a noun.

5 ADJECTIVES

(Examples on pp. 25–27, 31, 54, 57, 80–86, 118–120)
When an adjective qualifies a noun it *comes after the noun* and agrees with it in gender and case, e.g.:
    a big man (masc) duine mòr
    a big tree (fem) craobh mhòr
    the big boys (masc) na balaich mhòra, na gillean mòra
    the big trees (fem) na craobhan mòra

B

Note that a feminine single noun in the Nominative case (the …) *aspirates* the adjective(s) which follow(s) it, likewise a masculine plural noun with an included internal 'i' ending (balaich, coin bheaga, etc).

Demonstrative adjectives

Note that the definite article is used with the noun.

this = seo; this house = an taigh seo (the house here)
that = sin; that shoe = a' bhròg sin (the shoe there)
thon/yonder = ud/siud; yonder bus = am bus ud (the bus yonder)

Comparisons

as (adjective) as (noun) = cho (adj) ri/ris (noun) e.g.
  As big as a bus = cho mòr ri bus

so (adjective) that (verb) = cho (adj) 's gun/nach (verb) e.g.
  So thin that it broke = cho tana 's gun do bhris e.

Comparative Adjectives

(See also pp. 25, 48–49, 84, 107)
The general pattern to form the *comparative* adjective is to add 'i' before the last consonant group, and 'e' at the end, e.g.:

  tall = àrd, àirde
  thin = caol, caoile

Often, however, in single-syllable adjectives the adding of the 'i' creates a general vowel change within the adjective, e.g.:

  sean (old) = sine
  gorm (blue) = guirme

By using this altered stem word we can now form the Comparative (e.g. tall<u>er</u>) and Superlative (e.g. tall<u>est</u>) Adjectives.

Comparative

Precede by *nas* = nas àirde (taller) (Present/Future tense) or by *na bu* = na b'àirde (Past/Conditional tense)
(Note that <u>*bu*</u> generally aspirates a consonant which follows it).

Superlative

As for the comparative, but preceding the adjective with <u>*as*</u> (Pres/Fut) or <u>*a bu*</u> (Past/Condit), e.g. as caoile (thinnest); a bu chaoile
  The Superlative adjective normally requires the *Assertive* form of the verb.

e.g. Donald is the tallest of the family = 'S e Dòmhnall as àirde san teaghlach.

Possessive Adjectives

(See also pp. 95, 121–22)

B

				Cononant Start		Vowel Start
my	mo	(mo/do/a(his)	my house	mo thaigh	my hat	m'ad
your (sing.)	do	aspirate the 1st	your house	do thaigh	your hat	d'ad
his/its	a	letter of the noun	his house	a thaigh	his hat	ad
her/its	a		her house	a taigh	her hat	a h-ad
our	ar		our houses	ar taighean	our hats	ar n-adan
your (pl./polite)	bhur/ur		your houses	bhur taighean	your hats	bhur n-adan
their	an *or* am (before b, p, f, m)		their houses	an taighean	their hats	an adan
in my	= 'nam	e.g. 'nam thaigh	on my own, etc	'nam aonar	at my (+ verb) = gam
in your	'nad	'nad thaigh		'nad aonar	gad
in his/its	'na	'na thaigh		'na aonar	ga
in her/its	'na	'na taigh		'na h-aonar	ga
in our	'nar	'nar taighean		'nar n-aonar	gar
in your	'nur	'nur taighean		'nur n-aonar	gur
in their	'nan/'nam	'nan taighean		'nan aonar	gan/gam

In the 'new' Gaelic spelling the apostrophes preceding the above 'nam/'gam are being omitted as cumbersome. However, since the *'nam/'nan/'na* without apostrophes can be confused for *nam/nan/na* with other meanings, I retain the old spelling. Since *gam/gad* etc have no other parallel or confusion, I omit these apostrophes.

6 ADVERBS

Formed by preceding the adjective with the word 'gu', e.g.:
    well = gu math
    nicely = gu dòigheil

B

Stress is sometimes gained by adding 'fhèin', e.g.:

very well = gu math fhèin

indeed = gu dearbha fhèin

7 VERBS

In dictionaries, etc two parts of the verb are given, e.g. lift = tog, togail. The first part is the imperative or command form; the second part is the verbal noun or '...ing' form. These two parts of the verb are important since all other forms of the verb can be derived from them. Preceded by **a'** or **ag**, for example, the verbal noun becomes the *present participle*, e.g.:

I am lifting = Tha mi a' togail.

Where a verb in the 'ing' form takes a pronoun object (e.g. I am lifting *it*) the pronoun changes to **gam, ga** etc. (see Possessive Adjectives above and p. 111) and precedes the present participle, e.g. He is lifting me = Tha e gam thogail (*Not*: Tha e a' togail mi).

Where a present participle takes a noun object (e.g. I am lifting *the box*) this noun should be in the genitive case = Tha mi a' togail a' bhogsa.

For the formation of *Past, Future, Conditional Tenses* of the verb, see 'Question and Answer' in the next Section (Section C).

For **Reported Speech** form, see p. 126–128.

The **Past Participle** is formed by adding 'ta' or 'te' to the imperative of the verb, e.g.:

briste = broken

millte = spoiled

The **Passive**, similar in meaning to the Past Participle above, is formed by using the verb 'to be' + air + verbal noun, e.g. It has broken = Tha e air briseadh; or to go a step further back in time: It had broken = Bha e air briseadh.

Infinitive

The infinitive of a verb is formed according to its first letter, i.e.

1. (consonant or fl, fr) buail, bualadh (hit) = a bhualadh (*to* hit)
2. (vowel) òrdaich, òrdachadh (order) = a dh'òrdachadh (*to* order)
3. (f + vowel) fàg, fàgail (leave) = a dh'fhàgail (*to* leave)

Idiomatic Phrases

(See also pp. 128–29)

These are a limited number of phrases, normally formed with a preposition, eg:

I should ... Bu chòir dhomh ...

I usually ... Is àbhaist dhomh ...

I can ... Is urrainn dhomh ...
I prefer ... Is fheàrr leam

B

...with an object:

I prefer tea = Is fheàrr leam teatha
I prefer sitting = Is fheàrr leam suidhe

...with an object **and** a verb:

John prefers drinking tea = Is fheàrr le Iain teatha òl
It's time you cleaned the car = Tha thìd agad an càr a ghlanadh

Note that the noun comes *before* the second verb. This second verb is formed according to its first letter:

consonant or fl, fr = infinitive form e.g. a thogail
vowel = verbal noun (2nd part of verb) e.g. òrdachadh
f + vowel = verbal noun aspirated e.g. fhàgail

...with a pronoun object and a verb:

I can do it = Is urrainn dhomh a dhèanamh.

The pronoun object takes the form of the possessive adjective (my, his, etc) and the verb takes the verbal noun form, aspirated by the possessive adjective where required, i.e. Is urrainn dhomh a bhualadh = I can hit him (or it) (literally = I can his/its hitting).

8 PREPOSITIONS

(See also pp. 31, 39, 72–73)
The most common *simple prepositions* are:

at = aig	on = air	from = bho/o
to = do/dha/gu/ri(s)	in = ann(s)	for = do
with/by = le	under = fo	of/from = de

When a simple preposition and a pronoun come together (as often happens in the Idiomatic Phrases above), Gaelic contracts them into one new word, e.g.:
at me (aig + mi) = agam

The formation pattern is fairly regular and most can be easily learned. See pp. 95, 121–23 for examples of these *Prepositional Pronouns*.

When a noun is governed by a preposition (e.g. *to* the shops) then the noun is considered to be in the *Dative* case. Note the effect of prepositions on nouns in the Nouns paragraph already given in this Section B.

Compound Prepositions:

B

These are made up of a noun and a simple preposition. Dependent on whether the noun comes first or last in the compound preposition, the *second* noun (the one being governed by the compound preposition) is in the Genitive or Dative Case (See Nouns, pp. 4–5)

e.g. beside = (by the side **of** *(the door)*) = ri taobh an dorais;
on top **of** the table = air mullach a' bhùird (*door* and *table* are in the Genitive Case)

but near the house = faisg **air** an taigh; along with the boy = còmhla **ris** a' ghille (*house* and *boy* are in the Dative Case).

Question and Answer

Gaelic does not have a one-word 'Yes' or 'No'. To answer a question, one replies in the affirmative or negative of the verb with which the question was asked (e.g. Did you hit Mary? Answer: Did hit *or* Did not hit).

This is a quick-reference section, designed for those who wish to find the correct form and tense of a verb, thus enabling them to answer (or ask) questions correctly.

	Question	*Affirmative*	*Negative*
Verb 'to be'			
Is/Are (you)?	A(m) bheil (thu)?	Tha	Chan eil
Was/Were (they)?	An robh (iad)?	Bha	Cha robh
Will (the man) be?	Am bi (an duine)?	Bidh	Cha bhi
Would ... be?	Am biodh/bitheadh ...?	Bhiodh	Cha bhiodh
Assertive form of Verb 'to be' (See p. 26)			
Is/Are?	An e?	'S e	Chan e
(+ noun)			
Was/Were?	Am b'e?	B'e	Cha b'e
Is/Are?	An ann?	'S ann	Chan ann
(+ preposition)			
Was/Were?	Am b'ann?	B'ann	Cha b'ann
Do ... like?	An toil?	'S toil	Cha toil
Would ... like?	Am bu thoil/chaomh?	Bu thoil/chaomh	Cha bu thoil/chaomh
Regular Verb pattern			
Did ... lift?	An do thog?	Thog	Cha do thog
(1st letter – consonant/fl/fr)			
Did ... eat?	An do dh'ith?	Dh'ith	Cha do dh'ith
(vowel)			
Did ... leave?	An do dh'fhàg?	Dh'fhàg	Cha do dh'fhàg
(f + vowel)			
Will ... lift?	An tog?	Togaidh	Cha thog
Will ... eat?	An ith?	Ithidh	Chan ith
Will ... leave?	Am fàg?	Fàgaidh	Chan fhàg
Would ... lift?	An togadh?	Thogadh	Cha thogadh
Would ... eat?	An itheadh?	Dh'itheadh	Chan itheadh
Would ... leave?	Am fàgadh?	Dh'fhàgadh	Chan fhàgadh

Note that if one wishes to ask a *negative* question 'Did*n't* you ...?', then the 'Am' or 'An' of the positive question form is replaced by 'Nach' (e.g. Didn't you hear it? = Nach cuala tu e?). The verb stem remains unchanged except in 'A(m) bheil?' which becomes 'Nach eil?' and with verbs starting with 'f + vowel' where aspiration occurs: Am faigh? = Nach fhaigh?

Irregular verbs

Did ... say?	An tuirt?	Thuirt	Cha tuirt
Will ... say?	An abair?	Their	Chan abair
Did ... see?	Am faca?	Chunnaic	Chan fhaca
Will ... see?	Am faic?	Chì	Chan fhaic
Did ... hear?	An cuala?	Chuala	Cha chuala
Will ... hear?	An cluinn?	Cluinnidh/Chluinn	Cha chluinn
Did ... do/make?	An do rinn?	Rinn	Cha do rinn
Will ... do/make?	An dèan?	Nì	Cha dèan
Did ... get?	An d'fhuair?	Fhuair	Cha d'fhuair
Will ... get?	Am faigh?	Gheibh	Chan fhaigh
Did ... give/take?	An tug?	Thug	Cha tug
Will ... give/take?	An toir?	Bheir	Cha toir
Did ... come?	An tàinig?	Thàinig	Cha tàinig
Will ... come?	An tig?	Thig	Cha tig
Did ... go?	An deach(aidh)?	Chaidh	Cha deach(aidh)
Will ... go?	An tèid?	Thèid	Cha tèid
Did ... reach?	An do ràinig?	Ràinig	Cha do ràinig
Will ... reach?	An ruig?	Ruigidh	Cha ruig
Did ... catch?	An do rug? (+ air)	Rug	Cha do rug
Will ... catch?	Am beir? (+ air)	Beiridh	Cha bheir
Who (saw)?	Cò (chunnaic)?	(followed by affirmative of verb)	
What (was)?	Dè (bha)?	(followed by affirmative of verb)	
Why?	Carson?	(followed by affirmative of verb)	
When?	Cuine?	(followed by affirmative of verb)	
How?	Ciamar?	(followed by affirmative of verb)	
How many?	Co mheud?	(followed by affirmative of verb)	
From where?	Co às?	(followed by affirmative of verb)	
On whom/what?	Co air?	(followed by affirmative of verb)	
Where (was)?	Càite (an robh)?	(followed by question form of verb)	
What about ...?	Dè mu dheidhinn ...?		

Number and Time

Number and Years

(For Numbers of people, see p. 117)

(For Numbers of people, see p. 117)

1	aon	*eun*
2	dhà	*ghah*
3	trì	*tree*
4	ceithir	*cae·hir*
5	còig	*coe·ig*
6	sia	*shee·a*
7	seachd	*shachk*
8	ochd	*ochk*
9	naoi	*neu·ee*
10	deich	*jae·eech*
11	aon deug	*eun jee·ug*
12	dà dheug	*dah yee·ug*
13	trì deug	*tree jee·ug*
14	ceithir deug	*cae·hir jee·ug*
etc.		
20	fichead	*feechit*
21	aon air fhichead	*eun ir eechit*
22	dhà air fhichead	*ghah ir eechit*
30	deich air fhichead	*jae·eech ir eechit*
31	aon deug air fhichead	*eun jee·ug ir eechit*
32	dà dheug air fhichead	*dah yee·ug ir eechit*
40	dà fhichead	*dah eechit*
41	dà fhichead 's a h-aon	*dah eechit suh heun*
42	dà fhichead 's a dhà	*dah eechit suh ghah*
50	leth-cheud	*l·yech·yut*
51	leth-cheud 's a h-aon	*l·yech·yut suh heun*
52	leth-cheud 's a dhà	*l·yech·yut suh ghah*
70	trì fichead 's a deich	*tree feechit suh jae·eech*
71	trì fichead 's a h-aon deug	*tree feechit suh heun jee·ug*
72	trì fichead 's a dhà dheug	*tree feechit suh ghah yee·ug*
80	ceithir fichead	*cae·hir feechit*
100	ceud	*kee·ut*
200	dà cheud	*dah chee·ut*
300	trì ceud	*tree kee·ut*
550	còig ceud 's a leth-cheud	*coe·ig kee·ut suh l·yeh·chyut*
1000	mìle	*mee·luh*
1,000,000	muillean	*mill·yan*

Note that many Gaels count in twenties as in the old method of counting in scores, i.e. three score and ten = 70 etc. However, schools now teach a more modern set of decimal counting, i.e.

30	trithead	*tree·hit*
40	ceathrad	*kerrit*
50	caogad	*ceug·it*
60	seasgad	*shess·kit*
70	seachdad	*shach·kit*
80	ochdad	*och·kit*
90	naochad	*neu·yit*

(in the year)

1890	(anns a' bhliadhna) ochd ceud deug ceithir fichead 's a deich (a·oon suh vlee·unnuh) ochk kee·ut jee·ug cae·hir feechit suh jae·eech
1950	naoi ceud deug 's a leth-cheud *neu·ee kee·ut jee·ug suh l·yeh-chyut*
1980	naoi ceud deug 's a ceithir fichead/ 's a h-ochdad *neu·ee kee·ut jee·ug suh cae·hir feechit/suh hoch·kit*
1985	naoi ceud deug ceithir fichead 's a còig *neu·ee kee·ut jee·ug cae·hir feechit suh coe·ig*
2008	dà mhìle 's a h-ochd *dah veeluh suh hochk*

Counting things

Note that when counting objects in Gaelic, e.g. three *buses*, the singular form of the object is used with aon (1), dhà (2), dusan (a dozen), fichead (20, 40, 60 etc), ceud (50, 100) and mìle (1,000).

Aon (1) and dà (2) aspirate the first letter of the object being counted, except *aon* when the next letter is d, t or s, or a non-aspiratable letter. (See Grammar Section (B) for further information.)

Note also the placing of the object within the number phrase, e.g.:

one shoe	aon bhròg	*eun vrawg*
two shoes	dà bhròg	*da vrawg*
three shoes	trì bhrògan	*tree brawgun*
a dozen shoes	dusan bròg	*doo-san brawg*
eleven houses	aon taigh deug	*eun tuh·ee jee·ug*
twelve houses	dà thaigh dheug	*dah huh·ee yee·ug*
thirteen houses	trì taighean deug	*tree tuh·yen jee·ug*
twenty houses	fichead taigh	*feechyut tuh·ee*
twenty-one boys	aon bhalach air fhichead	*eun valloch ir eechit*
twenty-two boys	dà bhalach air fhichead	*dah valloch ir eechit*
twenty-three boys	trì balaich air fhichead	*tree baleech ir eechit*
a hundred boys	ceud balach	*kee·ut balloch*

The two items most commonly counted i.e. pence and years, are nearly always used in the singular form, e.g. three years – trì bliadhna etc.

1st, 2nd etc

the 1st one	a' chiad fhear	*uh chee·u̲t err*	**D**
the 2nd one	an dàrna fear	*un̲ d̲arnuh ferr*	
the 3rd one	an treas fear	*un̲ t̲ress ferr*	
the 4th one	an ceathramh fear	*ung keh·ruv ferr*	
the 5th one	an còigeamh fear	*ung koe·eeg·yuv ferr*	
the 6th one	an siathamh fear	*un shee·ahuv ferr*	
the 7th one	an seachdamh fear	*un shachkuv ferr*	
the 8th one	an t-ochdamh fear	*un̲ t̲oech·kuv ferr*	
the 9th one	an naoidheamh fear	*un̲ n̲eu·yuv ferr*	
the 10th one	an deicheamh fear	*un jaech·yuv ferr*	
etc.			

Common Phrases

How many?	Co mheud?	*coe vee·u̲t?*
(three) and a half	(trì) gu leth	*(t̲ree) goo l·yeh*
How many books have you got?	Co mheud leabhar a th'agad?	*coe vee·u̲t l·yawr uh hagu̲t?*
I have five books	Tha còig leabhraichean agam	*ha coe·ig l·yawreech·yun ackum*
How many knives are on the table?	Co mheud sgian a th'air a' bhòrd?	*coe vee·u̲t skee·un uh hir uh vawrd?*
There are six knives on the table	Tha sia sginean air a' bhòrd	*ha shee·a skeenun ir uh vawrd*
There is only one there	Chan eil ann ach aon	*chan yil a·oon̲ ach eun*
How many pieces are left?	Co mheud pìos a tha air fhàgail?	*coe vee·u̲t peess ah ha ir ah·gal?*
Four of them	Tha ceithir dhiubh	*ha cae·hir yoo*
Who won?	Cò choisinn? (Cò ghlèidh?)	*coe chosheeñ? (coe ghlae.ee)*
I won, and Mary got second place	Choisinn mise, agus fhuair Màiri an dàrna àite	*chosheeñ mee·shuh, ughuss hoo·ur Mah·ree un̲ d̲arnuh ah·tchuh*
How far is it to ...?	Dè cho fada 's a tha e gu ...?	*jae choe fat̲uh suh ha eh goo ...?*
... about twenty miles	... mu fhichead mìle	*... moo eechit̲ meeluh*
too many, too much	cus	*cooss*
one more	aon eile *or* fear eile (masc) tè eile (fem)	*eun illuh, ferr illuh tchae illuh*

more	tuilleadh	*tool·yugh*
more than twenty	còrr is fichead	*cawr iss feechit*
	barrachd air fichead	*barrochk ir feechit*
around a dozen	mu dhusan	*moo ghoo·san*
altogether	uile gu lèir	*ooluh goo l·yaer*
at least	air a' char as lugha	*irruh char iss leu·uh*
at most	air a' char as motha	*irruh char iss mawuh*

Time (of the day/week/month/year)

Of the day

a second	diog	*jick*
minute(s)	mionaid(ean)	*minatch(un)*
a quarter	cairteal	*carsht·yal*
a half hour	leth-uair	*l·yeh-hur*
hour(s)	uair(ean)	*oo·urr(un)*
morning	madainn	*madeeñ*
afternoon	feasgar	*fess·kur*
evening	feasgar	*fess·kur*
night	oidhche	*uh·eechyuh*
day	là/latha	*lah*
to	gu	*goo*
past	an dèidh	*un jae·ee*
almost	gu bhith	*goo vee*
When?	Cuine?	*Coonyuh?*
... when ...	... nuair ...	*... noo·urr ...*
late	anmoch	*annamoch*
early	tràth	*trah*
fast	air thoiseach	*ir hoshoch*
slow	air deireadh	*ir jirrugh*
on time	ris an uair	*rish un oo·urr*
a watch	uaireadair	*oo·urrudar*
a clock	gleoc	*glochk*

What's the time?	Dè 'n uair a tha e?	*jaen oo·urr uh ha eh?*
It's ...	Tha e ...	*ha eh ...*
One o'clock	uair	*oo·urr*
two o'clock	dà uair	*dah oo·urr*
three o'clock	trì uairean	*tree oo·urrun*
in the afternoon	feasgar	*fesskur*
in the morning	sa mhadainn	*suh vadeeñ*

at night	a dh'oidhche	*uh ghuh·eechyuh*
midnight	meadhan oidhche	*mee·an uh·eechyuh*
midday	meadhan là	*mee·an lah*
twelve o'clock	dà uair dheug	*dah hoor yaeg*
almost eleven o'clock	gu bhith aon uair deug	*goo vee eun oor jee·ug*
quarter past one	cairteal an dèidh uair	*carsht·yal un jae·ee oo·urr*
half past two	leth-uair an dèidh dhà	*l·yeh-hoor un jae·ee ghah*
quarter to three	cairteal gu trì	*carsht·yal goo tree*
five to four	còig mionaidean gu ceithir	*coe·ig minatchun goo cae·hir*
twenty past six	fichead mionaid an dèidh sia	*feechyut minatch un jae·ee shee·a*
twenty-five to seven	còig mionaidean fichead gu seachd	*coe·ig minatchun feechit goo shachk*
It's time you were moving!	Tha thìd agad gluasad!	*Ha hee·j agut glow·ussut*
When does it start?	Cuine bhios e 'tòiseachadh?	*Coonyuh viss eh taw·shochugh*
At half past seven	Aig leth-uair an dèidh seachd	*Eck l·yeh hoor un jae·ee shachk*
When is Mary coming?	Cuine bhios Màiri 'tighinn?	*Coonyuh viss Mah·ree tcheeñ?*
About quarter to two	Mu chairteal gu dhà	*Moo charsht·yal goo ghah*
It won't be long till (she comes)	Chan fhada gus an (tig i)	*chan attuh gooss un (jeek ee)*
When have you to be home?	Cuine dh'fheumas tu bhith dhachaigh?	*Coonyuh yae·muss doo vee ghachee?*
Before midnight	Roimh mheadhan-oidhche	*Ro vee·an uh·eechyuh*
When did John say to be there?	Cuine thuirt Iain a bhith ann?	*Coonyuh hoert ee·añ uh vee a·oon?*
When will you be back?	Cuine bhios tu air ais?	*Coonyuh viss doo ir ash?*
When do you expect them?	Cuine tha dùil agad riutha?	*Coonyuh ha dool agut roo?*
He phoned about 4	Dh'fhòn e mu cheithir	*Ghoen eh moo chae·hir*
He said it would take about 3 hours	Thuirt e gun toireadh e mu thrì uairean a thìde	*Hoert eh goon dorrugh eh moo hree oo·urrun uh hee·juh*
He should be here before 7	Bu chòir dha a bhith seo roimh sheachd	*Boo chawr ghah uh vee shaw roy h·yachk*
How long will you be?	Dè cho fada 's a bhios tu?	*Jae choe fatuh suh vee·uss doo?*

D

About an hour	Mu uair a thìde	*Moo oo·urr uh hee·juh*
My watch is (fast/slow)	Tha m'uaireadair (air thoiseach/air deireadh)	*Ha moo·urrudar (ir hoshoch/ir jirrugh)*
now (next)	a-nis	*uh neesh*
just now	an-dràsta	*un drah·stuh*
again	a-rithist	*uh ree·eeshtc*
at once	anns a' mhionaid/anns a' bhad	*ass uh vinnatch/ass uh vat*
in a short while	ann an greiseag	*ann ung grishack*
soon	a dh'aithghearr	*uh gha·ee·h·yar*
at the same time	aig an aon àm	*eck un eun a·oom*
all the time	fad na h-ùine	*fat nu hoon·yuh*
already	mu thràth *or* cheana	*moo hrah (ch·yennuh)*
yet	fhathast	*hah·ast*
during the day	troimh 'n là	*tron lah*
during the night	troimh 'n oidhche	*tron uh·eechyuh*
all day	fad an là	*fat un lah*
all night	fad na h-oidhche	*fat nu huh·eechyuh*
three times a day	trì turais san là	*tree tooreesh sun lah*
for three days	fad trì làithean	*fat tree lah·yun*

Of the week/month/year

Monday	Diluain	*jee loe·uñ*
Tuesday	Dimàirt	*jee Marsht*
Wednesday	Diciadain	*jee Kee·udeeñ*
Thursday	Diardaoin	*jee Ardeuñ*
Friday	Dihaoine	*jee Heunyuh*
Saturday	Disatharna	*jee Sahurnuh*
Sunday	Didòmhnaich	*jee Dawneech*
	Là na Sàbaid	*lah nuh Sah·batch*
What day is it?	Dè 'n là a th'ann?	*jaen lah uh ha·oon?*
It's Tuesday	'S e Dimàirt a th'ann	*sheh jee Marsht uh ha·oon*
When did you last see James?	Cuine chunnaic thu Seumas bho dheireadh?	*coon·yuh choonick oo Shaemuss voe yirrugh?*
On Wednesday	Diciadain	*jee-Kee·udeeñ*
Will you come on Monday?	An tig thu Diluain?	*un jeek oo jee loe·uñ*
No. I'll come on Tuesday	Cha tig. Thig mi Dimàirt	*cha jeek. Heek mee jee Marsht*
Spring	an t-Earrach	*un Tcharroch*
Summer	an Samhradh	*un Sa·oorugh*
Autumn	am Foghar	*um Fuh·ver*

18

Winter	an Geamhradh	*ung G·ya·oorugh*
January	am Faoilleach	*um Feul·yoch*
February	an Gearran	*un G·yarran*
March	am Màrt	*um Marsht*
April	an Giblean	*ung G·eeblan*
May	an Cèitean/a' Mhàigh	*ung K·yaetchan/uh Vah·ee*
June	an t-Òg mhios	*un Iawg viss*
July	an t-Iuchar	*un tchoocher*
August	an Lùnastal	*un loonuss·dull*
September	an t-Sultain	*an tool·teen*
October	an Dàmhair	*un dah·vir*
November	an t-Samhain	*un taveen*
December	an Dùbhlachd	*un doo·lochk*

D

Note that the modern calendar was introduced into Gaelic comparatively recently. Traditionally, times of the year were identified by terms connected with weather and agriculture which did not correspond directly with the English/Latin months. This explains why many native Gaels are not entirely familiar with the month names above.

week(s)	seachdain(ean)	*shach·keen(yun)*
a fortnight	ceala deug	*k·yalla jee·ug*
month(s)	mìos(an)	*mee·uss(un)*
season(s)	ràith(ean)	*rah·ee(yun)*
year(s)	bliadhna bliadhnaichean	*blee·unnuh (bleeunneechn)*
What's the date today?	De'n ceann-là a th'ann an-diugh?	*jaeng k·ya·oon lah uh ha·oon uhnjoo?*
It's Monday the 17th of August	'S e Diluain an seachd-deugamh den Lùnastal a th'ann	*sheh jee loe·un yun shachk jee·uckiv jen loenustull uh ha·oon*
How many days is it till the holidays?	Co mheud là gus am bi na làithean saora ann?	*coe vee·ut lah gooss um bee nuh lah·yen seuruh a·oon?*
... eight days	... ochd làithean	*... ochk lah·yun*
... a day or two	... là no dhà	*... lah no ghah*
How often do you see him?	Dè cho tric 's a chì thu e?	*jae choe treechk suh chee oo eh?*
... every day	... a h-uile là	*... uh hooluh lah*
... every night	... a h-uile h-oidhch'	*... uh hooluh huh·eech*
... every year	... a h-uile bliadhna	*... uh hooluh blee·unnuh*
... once a year	... uair sa bhliadhna	*... oo·ur suh vlee·unnuh*
How long will this meat last?	Dè cho fad 's a sheasas an fheòil seo?	*jae choe fat suh hessus un yawl shaw?*

It will last for two days	Seasaidh i dà là	*shessee ee dah lah*
Were you here before?	An robh thu 'n seo roimhe?	*un roe oon shaw roy·uh?*
Yes, many times.	Bha, iomadh uair	*vah, immugh oo·urr*
How long have you been married?	Dè cho fada 's a tha sibh pòsd?	*jae choe fatuh suh hah shiv pawst?*
two weeks/two years	dà sheachdain/dà bhliadhna	*dah h·yachkeen/dah vlee·unnuh*
What age are you?	Dè 'n aois a tha thu?	*jaen eush uh ha oo?*
I'm ten years old	Tha mi deich bliadhna a dh'aois	*ha mee jaech blee·unnuh uh gheush*
Mary's only four	Chan eil Màiri ach ceithir	*chan yil Mah·ree ach cae·hir*

General phrases of time

the day before yesterday	a' bhòn-de	*uh vawn jae*
yesterday	an-dè	*un jae*
last night	an-raoir	*un ruh-eer*
to-day	an-diugh	*un joo*
tonight	a-nochd	*unnochk*
tomorrow	a-màireach	*umah·roch*
tomorrow morning	madainn a-màireach	*madeen yumah·roch*
tomorrow night	an ath-oidhche	*un A huh·eechyuh*
the day after tomorrow	an earar	*un yerrur*
last week	an t-seachdain seo chaidh	*un tchach·keen shaw cha·ee*
this week	an t-seachdain seo	*un tchach·keen shaw*
next week	an ath-sheachdain	*un A h·yach·keeñ*
the year before last	a' bhòn-uiridh	*uh vawn ooree*
last year	an uiridh	*un ooree*
this year	am bliadhna	*um blee·unnuh*
next year	an ath-bhliadhna	*un A vlunnuh*
any day	là sam bith	*lah sum bee*
within two or three days	taobh a-staigh dhà no trì làithean	*teuv uh stuh·ee gha no tree lah·yun*
every Monday	a h-uile Diluain	*uh hooluh jee loe-un*
at the week-end	aig deireadh na seachdain	*eck jirrugh nuh shach·keen*
last time	an turas bho dheireadh	*un toorooss voe yirrugh*
next time	an ath-thuras	*un A hoorooss*
some time	uaireigin	*oo·urreeg·in*
sometimes	uaireannan	*oo·urrunn·un*
often	tric	*treechk*

seldom	ainneamh	*ann·yuv*
usually	mar is àbhaist	*mar iss ah·veesh·tch*
First ... then ...	an toiseach ... an uairsin	*un toshoch ... un oershin*
at (long) last	mu dheireadh (thall)	*moo yirrugh (ha·ool)*

D

(For Special times of the year, Festive season etc., see Section N, p. 68)

Meeting Friends and Getting Acquainted

How are you?

As in English, there is a variety of ways of greeting people. A list of the more common expressions is given to allow the learner to recognise and give an appropriate response to a greeting. However, for the starter in Gaelic, the plain 'How are you?' – 'Ciamar a tha thu?' cannot be bettered.

N.B. 'thu' = you (one person); 'sibh' = you (plural) However, 'sibh' is not only the plural form but also the singular form where one wishes to be polite or respectful (often reserved in Gaelic nowadays for much older or reverend persons).

Good morning/good evening	madainn mhath/feasgar math	*madeeñ va/fesskurr ma*
How are you?	Ciamar a tha thu?	*kimmer uh ha oo?*
How are you? (polite or plural)	Ciamar a tha sibh?	*kimmer uh ha shiv?*
Fine, thanks	Tha gu math, tapadh leat	*ha goo ma, ţappuh leţ*
Fine, thanks (polite or plural)	Tha gu math, tapadh leibh	*ha goo ma, ţappuh leh·eev*
How's yourself?	Ciamar a tha thu fhèin	*kimmer uh ha oo haen?*
How's everybody?	Ciamar a tha a h-uile duine?	*kimmer uh ha uh hooluh ḏoon·yuh?*
Everybody's fine	Tha a h-uile duine gu math	*ha uh hooluh ḏoon·yuh goo ma*
How are you keeping?	Dè do chor?	*jae ḏaw chorr?*
Fine	Cor math	*corr ma*
That's good	'S math sin	*smashin*
How's yourself	Ciamar a tha thu-fhèin/sibh-fhèin?	*kimmer uh ha oo haen/shiv haen?*
Doing nicely	Tha gu dòigheil	*ha goo ḏaw·yell*
How's the world treating you?	Dè saoghal a th'agad?	*jae seuḷ uh haghuţ?*
Well/Poorly	Saoghal math/saoghal bochd	*seuḷ ma/seuḷ bochk*
How are things?	Ciamar a tha cùisean?	*kimmer uh ha coo·shin*
Very good/good enough	Glè mhath/math gu leòr	*glae va/ma goo l·yawr*

middling/pretty poor	meadhanach/gu math bochd	*mee·annoch/goo ma bochk*
What's doing?	Dè tha 'dol?	*jae ha doll?*
Nothing much	Chan eil mòran	*chan yil moe·ran*
Nothing new	Chan eil càil às ùr	*chan yil cahl ass oor*
Nothing worth mentioning	Chan eil guth ri ràdh	*chan yil goo ri rah*
What's new?	Dè do naidheachd?	*jae daw neh·ochk?*
I'm very busy these days	Tha mi glè thrang na làithean-s'	*ha mee glae hrang nuh lah·yuns*
I've not seen you for a while	'S fhada bho nach fhaca mi thu	*sattuh voe nach ach·kuh mee oo*
Yes, quite a while	'S fhada gu dearbh	*sattuh goo jarrav*
That's right	Tha sin ceart	*ha shin k·yarsht*

(For comments on weather, see Section F, p. 25)

Getting to know you/Asking after others

(See also Section T, Talking about People, p. 117)

Who is this/that?	Cò tha seo/sin?	*coe ha shaw/shin?*
Who is your friend?	Cò do charaid?	*coe daw charreetch?*
Do you know ...?	An aithne dhut ...?	*Unn ann·yuh ghoot ...?*
Yes/No (to *An aithne* ...?)	'S aithne/Chan aithne	*sann·yuh/chan ann·yuh*
I've never met him before	Cha do thachair mi ris riamh roimhe	*cha daw hachir mee reesh ree·uv roy·uh*
Don't you recognise me?	Nach eil thu gam aithneachadh?	*nach ill oo gam ann·yochugh?*
Yes/No	Tha/Chan eil	*ha/chan yil*
Introduce us	Cuir an aithne a chèile sinn	*koor un ann·yuh ch·yaeluh sheeñ*
This is ...	Seo ...	*shaw ...*
... my friend John	... mo charaid Iain	*... mo charreetch ee·añ*
... my wife/my husband	... mo bhean/an duin' agam	*... mo ven/undoon yackum*
... my girl/daughter	... an nighean agam	*... un n·yee·unn ackum*
... my boy/son	... am balach agam/ mo mhac	*... um balloch ackum/ mo vachk*

(For other family relationships, see p. 106; for proper names, see Section R, p. 100)

What's your name?	Dè 'n t-ainm a th'ort?	*jaen tannam uh horsht?*
I am ... (John Campbell)	Is mise ... (Iain Caimbeul)	*iss meeshuh ... (ee·añ Kah·eembal)*
I'm pleased to meet you	Tha mi toilicht' coinneachadh ruibh	*ha mee tolleech·tch koen·yochugh roo.eev*
Where are you from?	Co às a tha thu?	*coe ass uh ha oo?*

I'm from (Glasgow)	'S ann à (Glaschu) a tha mi	*sa·oon a glass·choo uh ha mee*
Where are you staying?	Càit a bheil thu 'fuireach?	*kahtch uh vil oo fooroch?*
I'm staying at the hotel	Tha mi 'fuireach san taigh-òst	*ha mee fooroch sun ta·ee awst*
I'm staying at my friend's house	Tha mi 'fuireach an taigh mo charaid	*ha mee fooroch un ta·ee mo charreetch*
How long will you be staying?	Dè cho fada 's a bhios tu 'fuireach?	*jae choe fattuh suh viss doo fooroch?*
... for a week	... fad seachdain	*... fat shach·keen*
... two or three days	... dhà no trì làithean	*... ghah no tree lah·yun*
I'll be here for a fortnight	Bidh mi ann ceala-deug	*bee mee a·oon k·yalla jee·ug*
Where are you going?	Càit a bheil thu 'dol?	*kahtch uh vil oo doll?*
I'm going to the shop	Tha mi 'dol don bhùth	*ha mee doll don voo*
... to the town/home	... don bhaile/dhachaigh	*... don valluh/ghachee*
Come to visit some time	Thig a chèilidh uaireigin	*heek uh ch·yaelee oo·urreeg·in*
I will (come)	Thig	*heek*
You must come soon	Feumaidh tu tighinn a dh'aithghearr	*faemee doo tcheeñ uh gha·h·yarr*
Yes, I must	Feumaidh	*faemee*
Tell Mary (John) ...	Innis do Mhàiri (Iain) ...	*eensh daw Vah·ree (ee·añ) ...*
that I was asking for her/him	gu robh mi 'gabhail a naidheachd	*goo roe mee gaval uh neh·ochk*

(For further phrases related to the health of others, see Section W, p. 130)

I will (tell)	Innsidh	*eenshee*
I must go	Feumaidh mi falbh	*faemee mee falav*
I'm in a hurry	Tha cabhag orm	*ha cavack orrom*
We'll be seeing you	Bidh sinn gad fhaicinn	*bee sheeñ gat ech·keeñ*
Bye for now	Mar sin leat	*mar shin let*
Cheerio	Cheery	*tchee·ery*
Good night	Oidhche mhath	*uh·eech·yuh va*

The Weather

One of the most common topics of conversation, as in many languages!

the weather	an t-sìde, an aimsir	*un tchee·juh, un amashir*
wet/dry	fliuch/tioram	*flooch/tchirrum*
hot/cold	teth/fuar	*tcheh/foo·ur*
warm/damp	blàth/tais	*blah/tash*
bright/dark	soilleir/dorch	*sullyer/dorroch*
beautiful/windy	brèagha/gaothach	*bree·a·uh/geu·och*
very	*glè	*glae*
too	*ro	*ro*
very wet/very cold	glè fhliuch/glè fhuar	*glae looch/glae oo·ur*
too dry/too hot	ro thioram/ro theth	*ro hirrum/ro heh*
somewhat (cold)	caran (fuar)	*carran (foo-ur)*
terribly (warm)	uabhasach (blàth)	*oo·uvussoch (blah)*
getting (growing) now (time past)	a' fàs/a' dol	*uh fahss/uh dol*
warmer	nas blàithe (na bu bhlàithe)	*nuss blah·yuh (nu boo vlah·yuh)*
hotter	nas teotha (na bu teotha)	*nuss tchawuh (nu boo tchawuh)*
colder	nas fhuaire (na b'fhuaire)	*nuss oo·urruh (nu boo·urruh)*
wetter	nas fliuiche (na bu fhliuiche)	*nuss flooch·yuh (nu boo looch·yuh)*
better	nas fheàrr (na b'fheàrr)	*nush ahr (nub yahr)*
worse	nas miosa (na bu mhiosa)	*nuss missuh (nu boo vissuh)*

Some Gaels when referring to the weather as 'it' (*it* is cold) use 'e' – it (masculine), others use 'i' – it (feminine). Either is acceptable; 'e' is used here.

N.B. When an *adjective* alone follows the verb in English e.g. It/the day is *beautiful* = Tha e/an là breagha, the ordinary form of the verb 'to be' is used (tha) in Gaelic. However, when the verb is followed by a *noun* (sometimes qualified by an adjective), then the assertive form of the verb 'to be' ('s e) is used. e.g. It is a beautiful *day* = 'S e là brèagha a th'ann.

* Both these words 'aspirate' the first letter of the following word

F

What kind of weather did you have?	Dè seòrsa sìde a bh'agaibh?	*jae shawrsuh shee·juh uh vackuv?*
… good weather	… sìde bhrèagha	*… shee·juh vree·a·uh*
… poor weather	… droch shìde	*… droch hee·juh*
What's the day like (outside)?	Dè 'n coltas a th'air an là (a-muigh)?	*jaeng coltass uh hir un lah (uh moo·ee)?*
It's … warm/dry/sunny	Tha e blàth/tioram/grianach	*ha eh blah/tchirrum/ gree·innoch*
It's … cold/wet/windy	Tha e fuar/fliuch/gaothach	*ha eh foo·ur/flooch/ geu·och*
It's a beautiful day (today)	'S e là brèagha a th'ann (an-diugh)	*sheh lah bree·a·uh ha·oon (un joo)*
Yes, indeed	'S e gu dearbh	*sheh goo jarrav*
Isn't it getting cold?	Nach e tha 'fàs fuar	*nach eh ha fahss foo·ur*
Isn't it [hot] (wet) today?	Nach e tha [teth] (fliuch) an-diugh?	*nach eh ha [tcheh] (flooch) un joo*
Isn't it – and [calm] (wild) too?	Nach e – agus [ciùin] (fiadhaich) cuideachd?	*nach eh – ughuss [k·yoon] (fee·u·eech) coojochk*
It's warmer than it was yesterday	Tha e nas blàithe na bha e 'n-dè	*ha eh nuss blah·yuh na vah en jae*
It was colder yesterday than it is today	Bha e na b'fhuaire 'n-dè na tha e 'n-diugh	*vah eh nub oo·urrun jae na ha en joo*
Is it raining?	A bheil uisg' ann?	*uh vil ooshk ya·oon?*
Yes/No	Tha/Chan eil	*ha/chan yil*
It's only a shower	Chan eil ann ach fras	*chan yil a·oon ach frass*
There's thunder and lightning	Tha tàirneanaich 's dealanaich ann	*ha tarn·yaneech ss jallaneech a·oon*
There are dark clouds in the sky	Tha sgòthan dubha anns an adhar	*ha skaw·un doo·uh unsun A·urr*
Has the rain stopped?	An do sguir an t-uisge?	*un daw skoor untooshk·yuh?*
Yes/No (to *An do sguir…*?)	Sguir/Cha do sguir	*skoor/cha daw skoor*
Not yet	Cha do sguir fhathast	*cha daw skoor hah·ast*
It's dried up now	Tha turadh ann	*ha toorugh a·oon*
The sun's shining	Tha a' ghrian a'deàrrsadh	*ha ghree·un uh jar·sugh*
weather forecast	roimh-innse na sìde	*roy eenshuh nu shee·juh*

weather report	iomradh air an t-sìde	*immurugh ir un tchee·juh*
beautiful	1 brèagha	*bree·a·uh*
	2 bòidheach	*baw·yoch*
	3 àlainn	*ah·leeñ*
foul, not nice	1 grànda	*grah·duh*
	2 mosach	*mossoch*
	3 suarach	*soe·urroch*
	4 sgrathail	*skra·hal*
the sun	a' ghrian	*uh ghree·un*
the moon	a' ghealach	*uh yalloch*
the stars	na reultan	*nuh raeltun*
blue sky	adhar gorm	*A·urr gorrom*
blowing	a' sèideadh	*uh shae·jugh*
cloudy	sgòthach	*skaw·och*
downpour	tuil	*tool*
drizzle, fine rain	smùid-uisg'	*smooj ooshk*
frost, freezing	reothadh	*raw·ugh*
hail-stones	clachan-meallain	*clachun m·yallan*
ice	deigh	*jih·ee*
lovely	sgoinneil	*skin·yell*
miserable	truagh/bochd	*troo·ugh/bochk*
mist	ceò	*k·yaw*
mud	poll	*puh·ool*
pouring	a' dòrtadh	*uh dawr·shtugh*
puddle, pool	lòn/pollag	*lawn/ poelack*
rain, water (the rain)	uisge (an t-uisge)	*ooshk·yuh (un tooshk·yuh)*
raindrop	boinneag uisge	*bonnyack ooshk·yuh*
sleet	fline	*fleenuh*
snow, the snow	sneachda, an sneachda	*shñachkuh, un shñachkuh*
snowing	a' cur/a' cabhadh	*uh koor/uh cavugh*
snowman	bodach sneachda	*boddoch shñachkuh*
snow plough	crann sneachda	*kra·oon shñachkuh*
stormy	stoirmeil	*stirrimell*
(a great) storm	stoirm (mhòr)	*stirrim voer*
sultry	bruthainneach	*brooheenyoch*
thawing	ag aiteamh	*uh getchuv*
the wind	a' ghaoth	*uh gheu*
North wind	gaoth a tuath	*geu uh too·uh*

27

South wind	gaoth a deas	*geu uh jess*
East wind	gaoth a ear	*geu un yerr*
West wind	gaoth an iar	*geu un yee·urr*
I think it might freeze tonight	Cha chreid mi nach bi reothadh ann a-nochd	*cha chritch mee nach bee raw·ugh a·oon unnochk*
The children are playing in the snow	Tha a' chlann a' cluich anns an t-sneachda	*ha uh chla·oon uh cloo·eech unsun trachkuh*
My hands are frozen	Tha mo làmhan reòt'	*ha mo lahvun rawt*
I am soaked	Tha mi bog fliuch	*ha mee boek flooch*
The wind was blowing/ whistling	Bha a' ghaoth a' sèideadh/ a' feadalaich	*va uh gheu uh shae·jugh/uh fedaleech*
There's a strong cold wind	Tha gaoth fhuar làidir ann	*ha geu oo·urr lah·jir a·oon*
The trees were shaking in the wind	Bha na craobhan a' crathadh anns a' ghaoith	*va nu creuvun uh cra·hugh unsuh gheu·ee*
The wind has dropped now	Tha a' ghaoth air leigeil fodha	*ha uh gheu ir l·yeekell fawuh*
The midges are bad tonight	Tha a' mheanbh-chuileag dona a-nochd	*ha venna choolack donnuh unnochk*
You can't see the hills for mist	Chan fhaic thu na beanntan leis a' cheò	*chan echk oo nuh b·ya·oontun lish uh ch·yaw*
It was so wet that the grass turned to mud	Bha e cho fliuch 's gun deach am feur 'na pholl	*va eh choe flooch skoon jach um fee·ar na fowl*
We had a poor summer	Bha samhradh truagh againn	*va sa·oorugh troo·ugh ackeeñ*
It was warm in the spring	Bha e blàth as t-earrach	*va eh blah ush tcharroch*
Do you think it will be nice tomorrow?	A bheil thu 'smaoineachadh gum bi e brèagha a-màireach?	*Uh vil oo smeun·yochugh goom bee eh bree·a·uh umahroch?*
I don't think it will be	Chan eil mi 'smaoineachadh gum bi	*chan yil mee smeun·yochugh goom bee*
If it's nice tomorrow, we will go ...	Ma bhios e brèagha a-màireach, thèid sinn ...	*ma viss eh bree·a·uh umahroch, haej sheeñ ...*

G

Outdoors

1. In the country

Will we go for a trip today?	An tèid sinn cuairt an-diugh?	un jae·j sheeñ coe·ursht un joo?
Where will we go?	Càit an tèid sinn?	kahtch un jaej sheeñ?
to the shore	dhan tràigh	ghan trah·ee
for a walk on the moor	cuairt air a' mhòintich	coe·ursht ir uh vawn·tcheech
What's the name of that mountain?	Dè'n t-ainm a th'air a' bheinn ud?	jaen tannam uh hir uh veh·eeñ oot?
That's ... (Ben Dorain/Ben Nevis)	'S e sin ... (Beinn Dòbhrain/ Beinn Neibhis)	sheh shin ... (beh·eeñ doe·ran/ Beh.een nevish)
... (Corry of the Snow)	... Coire an t-Sneachda	... Kawrun trachkuh
... (Corry of the box)	... Coire na Ciste	... Kawruh nuh keesh·tchih
... (Herder of Great Etive)	... Buachaill Eitibh Mòr	... Boo·ucheel Etive Moer
... (Round hill of the Herder)	... Meall a' Bhuachaille	... M·ya·ool uh voo·ucheel·yuh
... (the blue/grey one)	... Liathach	... L·yee·uhoch
... Slioch	... Slìoch	... Shlee·och
... Suilven	... Suilbhein	... Soolooven
... (hill of the Hip)	... Be(in)n Cruachan	... Ben kroo·uchan
... Be(in)n Eighe	... Be(in)n Eighe	... Ben Ae·yuh
... (the Anvil)	... An Teallach	... uhn tcha.loch
... (Lake of the Island)	... Loch an Eilean	... loch uhn yae·lan
... Lairig Ghru	... Làirig Ghru	... Lah·reek ghroo
What a beautiful view!	Abair sealladh brèagha!	abbir shallugh bree·a·uh
Look at that!	Seall sin/coimhead sin	sha·ool shin/coyut shin
What is it?	Dè th'ann?	jae ha·oon?

What do you see?	Dè tha thu 'faicinn?	*jae ha oo fechkeeñ?*
... high mountains	... beanntan àrda	*... b·ya·oontun arduh*
... green glens	... glinn uaine	*... gleeñ oo·an·yuh*
... an island in the middle of the loch	... eilean am meadhan an locha	*... illan umee·an un lochuh*
The surface of the loch is like a mirror	Tha uachdar an locha mar sgàthan	*ha oo·uch·kur un lochuh mar skah·han*
Is it far away? (nearby)	A bheil e fad às? (faisg air làimh)	*uh vil eh fat ass? (fashkir lah·eev)*
Here's a sheltered spot	Seo àite fasgach	*shaw ah·tchuh fasskoch*
Which direction is ...?	Dè 'n taobh a tha ...?	*jaen teuv uh ha ...*
(on) the top of the mountain	(air) mullach na beinne	*(ir) mooloch nuh benn·yuh*
What sound do you hear?	Dè 'm *fuaim* a tha thu 'cluinntinn?	*jaem foo·um uh ha oo cluh·eentcheeñ?*
... the leaves rustling	... na duilleagan a' crathadh	*... nuh doolyackun uh cra·hugh*
... the murmur of the river	... torman na h-aibhne	*... torroman nuh hah·een·yuh*
... the lowing of cattle	... geumnaich a' chruidh	*... gaem·reech uh chroo·ee*
... the bleating of sheep	... mèilich nan caorach	*... meh·leech nung keu·roch*
... a dog barking	... cù a' comhartaich	*... coo uh caw·urteech*
... the birds singing	... na h-eòin a' seinn	*... nuh h·yawn yuh sheh·eeñ*

Topography

the North	taobh a tuath	*teuv uh too·uh*
the South	taobh a deas	*teuv uh jess*
the East	taobh an ear	*teuv un yerr*
the West	taobh an iar	*teuv un yee·urr*
bothy	bothan	*bohan*
bridge	drochaid	*droch·eetch*
ditch, pit	sloc	*slochk*
dyke, dykes (stone wall)	gàrradh, gàrraidhean	*gahrugh, gahreeyun*
field	achadh/buaile	*achugh/boo·ulluh*
a sheep fold	crò *or* faing	*craw/fa·eeng*
glen(s)	gleann (glinn)	*gla·oon (gleeñ)*
hill(s)	cnoc (cnuic)	*crochk (creechk)*
hollow(s)/corry(ies)	coire (coireachan)	*corruh (corrochun)*
house(s)	taigh(ean)	*tuh·ee(yun)*

island(s)	eilean(an)	*illan(un)*
loch(s)/lake(s)	loch(an)	*loch(un)*
moor	monadh *or* mòinteach	*monnugh/mawn·tchoch*
mountain(s)	beinn (beanntan)	*beh·eeñ (b·ya·oontun)*
the big mountain(s)	a' bheinn mhòr (na beanntan mòra)	*uh veh·eeñ voer (nih b·ya·oontin moeruh)*
a mountain pass	bealach	*b·yalloch*
path/track	frith-rathad	*fri rah·at*
peak	sgorr *or* sgùrr	*skawr/skoor*
peat bog	poll mònach	*puh·ool mawnoch*
pool	lòn *or* linne	*lawn/l·yeeñuh*
river	abhainn	*a·veeñ*
road(s)	rathad (rathaidean)	*rah·at (rah·eetchin)*
rock(s)	creag(an)	*crick(in)*
a shieling	àirigh	*ah·ree*
slope(s)/side of hill	sliabh (slèibhtean)	*shlee·uv (shlaev·tchin)*
stone(s)	clach(an)	*clach(un)*
stream	allt *or* sruthan	*a·oolt/sroo·han*
wall(s)	balla (ballaichean)	*baluh (bal·eechun)*
above	os cionn	*oes k·yoown*
below/under	fo	*fo*
behind	air cùl(aibh)	*ir koel(iv)*
in front of	air beulaibh	*ir bee·aliv*
beside	ri taobh	*ree teuv*
on top of (the H: mountain)	air mullach (na beinne)	*ir mooloch (nih bennyuh)*
across	thairis air *or* tarsainn	*harrish ir/tar·seeñ*
steep	cas	*cass*
gentle, level	rèidh	*rae*
rocky	creagach	*crickoch*
wide	farsainn *or* leathann	*far·seeñ/l·yehun*
narrow	cumhang *or* caol	*coo·ung/ceul*
safe	sàbhailte	*sah·valtchuh*
dangerous	cunnartach	*coonurtoch*

Flora and fauna

What kind of (tree) (bird/flower) is that?	Dè seòrsa (craobh) (eun/dìthean) a tha sin?	*jae shawrsuh (creuv) (ee·an/jee·han) uh ha shin?*
It's a ...	'S e ... a th'ann	*sheh ... uh ha·oon*

tree(s)	**craobh**(an)	*creuv(un)*
a wood (woods)	coille (coilltean)	*keul·yuh (keu·eeltchun)*
branch(es)	geug(an)	*gae·g(un)*
leaf (leaves)	duilleag(an)	*dool·yack(un)*
birch	beithe	*bae·huh*
oak	darach	*darroch*
pine	giuthas	*g·yoo·uss*
willow	seileach	*shilloch*
yew	iubhar	*yoo·ur*

plant(s)	**lus**(an)	*looss(un)*
grass (on the grass)	feur (air an fheur)	*fee·ar (irrun yee·ar)*
bush	preas	*press*
gorse, whin	conasg	*connusk*
blossom	blàth	*blah*
root(s)	freumh(an)	*free·av(un)*
berries	dearcan	*jerkun*
bog-cotton	canach	*cannoch*
docken	copag	*coppack*
ferns	raineach	*rannoch*
heather	fraoch	*freuch*
moss	còinneach	*cawn·yoch*
nettles	deanntagan	*ja·oontackun*
rushes	luachair	*loe·uchur*

flower(s)	**dìthean**(an)/**sìthean**(an)/ **flùr**(aichean)	*jee·han(un)/shee·han(un)/ floor(eechyin)*
clover	seamrag	*shammerack*
daffodil	lus a' chrom chinn	*looss uh chruh·oom ch·yeeñ*
daisy	neòinean	*n·yawn·yan*
dandelion	beàrnan-brìde	*b·yarnan bree·juh*
primrose(s)	seòbhrag(an)	*show·rack(un)*
rose(s)	ròs(an)	*rawss(un)*
snowdrop	gealachag-làir	*g·yalluchack lahr*
thistle	cluaran	*cloe·urran*

bird, the birds	**eun, na h-eòin**	*ee·an, nuh h·yawñ*
young bird, chick	isean	*eeshan*
egg(s)	ugh, (uighean)	*oo (oo·yun)*
nest	nead	*n·yet*
blackbird	lòn-dubh	*lawn·doo*

32

cockerel	coileach	*killoch*
cormorant	sgarbh	*skarrav*
crow	feannag/starrag	*f·ya<u>nn</u>ack/s<u>t</u>arrack*
duck	tunnag	*<u>t</u>oo<u>n</u>ack*
wild duck	lach	*<u>l</u>ach*
eagle	iolaire	*yoo<u>l</u>ir*
gannet	sùlaire	*soe·<u>l</u>arruh*
goose, (geese)	gèadh, (geòidh)	*g·ee·agh (g·yoe·ee)*
hawk	seabhag	*shavack/showack*
heron	corra-ghritheach	*corruh ghree·och*
hen(s)	cearc(an)	*c·yerk(un)*
moor-hen, grouse	cearc-fhraoich	*c·yerk reu·eech*
owl	coileach-oidhche	*killoch eu·eech·yuh*
oyster catcher	gille-brìghde	*g·eel·yuh bree·juh*
robin	brù-dearg	*broo jarrack*
seagull(s)	faoileag(an)	*feu·lack(un)*
sparrow	gealbhonn	*g·ya<u>ll</u>avon*
starling	druid	*drootch*
swan, (swans)	eala, (ealachan)	*ya<u>ll</u>uh, (ya<u>ll</u>ochun)*
thrush	smeòrach	*sm·yawroch*

G

Wild animals and insects

ant	seangan	*sheughan*
bee	seillean	*shaelan*
beetle	daolag	*<u>d</u>eu<u>l</u>ack*
butterfly	dealan-dè	*ja<u>ll</u>an jae*
deer (plural)	fiadh (fèidh)	*fee·ugh (fae·ee)*
earwig	gobhlachan	*goe·<u>l</u>ochan*
flea	deargadan	*jarracku<u>d</u>an*
fly	cuileag	*coolack*
fox	sionnach	*shoo<u>n</u>och*
frog	leumnachan	*l·yaemrochan*
hare	geàrr *or* maigheach	*g·yahr/(meh·och)*
hedgehog	gràineag	*grahn·yack*
midges, gnats	a' mheanbh-chuileag	*uh venna choolack*
mole	famh	*fav*
mouse	luch(ainn) *or* luchag	*<u>l</u>ooch(een)/<u>l</u>oochack*
rabbit	rabaid *or* coineanach	*rabbatch (conn·yannoch)*
rat	radan	*ra<u>tt</u>an*
spider	damhan-allaidh	*<u>d</u>avan a<u>ll</u>ey*

squirrel	feòrag	*f·yawrack*
stag	damh	*dav*
wasp	speach	*sp·yach*
weasel	nios	*n·yiss*
worm	boiteag	*buh·eetchack*

On the farm/crops

farm, farmer	tuathanas, tuathanach	*too·uhannus, too·uhannoch*
croft, crofter	croit, croitear	*croytch, croytcher*
agriculture	àiteachd	*ah·tchochk*
barn	sabhal	*soe·ull*
byre	bàthach	*bah·och*
corn-store, silo	iodhlann	*yoolun*
harvesting	a' buain	*uh boowuñ*
(fertile) land	fearann (torrach)	*ferrun (torroch)*
manure	innear *or* todhar	*een·yar (tawurr)*
a plough	crann-treabhaidh	*cra·oon traw·ee*
ploughing	a' treabhadh	*uh trawugh*
sowing, planting	a' cur	*uh koor*
tractor	tractar	*tractar*

crops, produce	toradh *or* bàrr	*torrugh (bahr)*
barley	eòrna	*yawrnuh*
corn	arbhar	*arravur*
oats	coirce	*cork·yuh*
rye	seagal	*shickull*
wheat	cruithneachd	*croonyochk*

Farm and domestic animals

Have you got a pet?	A bheil peata agad?	*Uh vil pettuh ackut?*
I have a (dog)	Tha (cù) agam	*ha (coo) ackum*
It won't bite you	Cha bhìd e thu	*cha vee·j eh oo*
It's tame	Tha e meata	*ha eh mettuh*
Isn't it (frisky)/cowed	Nach e tha (mear)/liugach	*nach eh ha (merr)/ l·yoogoch*
It's frightened of you	Tha eagal air romhad	*ha iggul ir raw·ut*
He's frightened of dogs	Tha eagal air roimh choin	*ha iggul ir roy choñ*
bull/cow (the cow)	tarbh/bò (a' bhò)	*tarrav/boe (uh voe)*
calf/cattle	laogh/(an) crodh	*leugh/(ung) croe*
horse/foal	each/searrach	*yach/sharroch*
goat/kid	gobhar/meann	*goe·wur/m·ya·oon*

pig/piglet	muc/uircean	*moochk/oork·yan*
sheep/ram	caora/rùd *or* reithe	*keuruh/roed (reh·huh)*
lamb/sheep (plural)	uan/caoraich	*oo·an/keur·eech*
dog/puppy	cù/cuilean	*coo/coo·lan*
cat/kitten	cat/piseag	*cat/peeshack*
a stray	fuadan	*foo·uddan*

2. At the seashore

We're going to the shore today	Tha sinn a' dol dhan tràigh an-diugh	*ha sheeñ uh dollghan tra·ee un joo*
What will we take with us?	Dè bheir sinn leinn?	*jae vir sheen leh·eeñ?*
Take … with you	Thoir leat …	*horr let …*
What have you got in your bucket?	Dè th'agad 'na do pheile?	*jae haghut na daw filluh?*
Pour it out	Taom a-mach e	*teum uh mach eh*
What is that out on the sea?	Dè tha sin a-muigh air a' mhuir?	*jae ha shin uh moo·ee ir uh voor?*
It's a sailing ship	'S e bàta-seòlaidh a th'ann	*sheh bah·tuh shawlee uh ha·oon*
Look how the sun is shining on the sea	Seall mar a tha a' ghrian a' dealradh air a' mhuir	*sha·ool mar uh ha uh ghree·un uh jallrugh ir uh voor*
Can I go in swimming?	Am faod mi dhol a-steach a shnàmh?	*um feut mee ghol uh sh·tchach uh nahv?*
It's not safe	Chan eil e sàbhailte	*chan yil eh sah·valtchuh*
It's too cold	Tha e ro fhuar	*ha eh ro oo·urr*
Be careful, the tide's coming in	Thoir an aire, tha an làn a' tighinn a-steach	*horr un arruh, ha un lahn uh tcheeñ uh sh·tchach*
What's that **smell**?	Dè 'm **fàileadh** tha sin?	*jaem fah·lagh ha shin?*
That's the smell of seaweed	'S e sin fàileadh an fheamainn	*sheh shin fah-lagh un yemeeñ*
What's that **sound**?	Dè 'm **fuaim** a tha sin?	*jaem foo·um uh ha shin?*
That's …	'S e sin …	*sheh shin …*
… the waves beating on the shore	… na tonnan a' bualadh air an tràigh	*… nuh toe·nun uh boe·ullugh ir un tra·ee*
… the seagulls screaming	… na faoileagan a' sgriachail	*… nuh feulackun uh skree·uchal*
… stones dropping in the pool	… clachan a' plubraich anns an lòn	*… clachun uh ploobreech unsun lawn*
It's starting to get cold	Tha e 'tòiseachadh a' fàs fuar	*ha eh tawshochugh uh fahss foo·urr*
It's time to go home	Tha thìd againn a dhol dhachaigh	*ha hee jackeen yuh gholl ghachee*

35

the sea	a' mhuir *or* an cuan	*uh voor (ung coo·an)*
of the sea	na mara	*nuh marruh*
(on) the shore	(air) an tràigh	*(ir) un tra·ee*
sand	gainmheach	*gannavoch*
on the sand	air a' ghainmhich	*ir uh ghannaveech*
a pebble shore	cladach	*claddoch*
ball	bàlla *or* ball	*bah·luh (ba·ool)*
bay	bàgh *or* òb	*bah·gh (awb)*
breaker(s)	bàirlinn(ean) *or* stuadh(an)	*barleeñ(un)/ stoo·ugh(un)*
bucket and spade	peile 's spaid	*pilluh s spatch*
cliff	creag *or* sgorr	*crick (skor)*
sand dunes	machair	*machir*
foam	cop *or* siaban	*cop (shee·ubban)*
headland	rubha	*roo·uh*
sea-rock, reef	sgeir	*skirr*
rug (blanket)	plaide	*pla·juh*
(sand)castle	caisteal (gainmhich)	*cash·tchal (gannaveech)*
sea-water, brine	sàl	*sahl*
seaweed, the seaweed	feamainn, an fheamainn	*femeeñ, un yemeeñ*
slippery	sleamhainn	*shleh·veeñ*
sunglasses	gloineachan grèine	*glonyochun graen·yuh*
the tide	an làn	*un lahn*
high/low	àrd/ìseal	*ahrd/eeshull*
neep tide: high/low	contraigh/reothart	*contrah·ee/roe·wurt*
ebbing/flowing	a' tràghadh/a' lìonadh	*uh trah·ugh/uh l·yee·unnugh*
deep/shallow	domhainn/aodomhainn	*daweeñ/ae.daweeñ*
towel	tubhailt/searbhadair	*doo·altch/sharra·uddar*
digging	**a' cladhadh**	*uh cleu·ugh*
fishing	ag iasgach	*ug ee·usskoch*
flying	ag itealaich	*ug eetchaleech*
jumping	a' leum	*uh l·yaem*
playing	a' cluich	*uh cloo·eech*
rowing [a boat]	ag iomramh	*uh g·immuruv*
running	a' ruith	*uh roo·ee*
sailing	a' seòladh	*uh shawlugh*
sunbathing	a' blianadh	*uh blee·unnugh*
swimming	a' snàmh	*uh snahv*
throwing	a' tilgeil	*uh tcheeleekell*

Fish and fishing

a **boat** (on the boat)	**bàta** (air a' bhàta)	*bah·ṯuh (ir uh vah·ṯuh)*
a fishing-boat	bàt-iasgaich	*baht ee·usskeech*
a rowing boat	eathar	*eh·hur*
a sailing boat	sgoth *or* geòla	*skoh (g·yawḻuh)*
a ship, vessel	soitheach	*seh·och*
bow/stern	toiseach/deireadh	*ṯoshoch/jirrugh*
funnel	luidhear	*ḻooyer*
keel	druim	*druh·eem*
mast	crann	*cra·ooṇ*
oars	ràimh	*rehv*
rudder	stiùir	*sh·tchoor*

G

shellfish	**maorach**	*meuroch*
barnacles	bàirnich	*barn·yeech*
cockles	coilleagan	*kill·yackun*
crab	partan	*porshtan*
large crab	crùbag	*croo·back*
jellyfish	muir-tigheachd	*moor tchee·ochk*
lobster(s)	giomach (giomaich)	*gimmoch (gimmeech)*
mussels	feusgain	*fee·uskañ*
oysters	eisirean	*ishirrun*
shrimps	carrain	*carrañ*
starfish	crosgag	*crosskack*
whelks	faochagan	*feuchackun*

the **fish**, the fishes	**an t-iasg**, na h-èisg	*un tchee·usk, nuh haeshk*
cod	trosg	*ṯrosk*
eel	easgann	*esskuṇ*
flounder	lèabag, leòbag	*l·yoe·back*
haddock	adag	*aḏack*
herring	sgadan	*skaḏḏan*
ling	langa	*ḻaghuh*
mackerel	rionnach	*rooṇoch*
perch	creagag	*crickack*
pike	geadas	*g·yeḏḏus*
salmon	bradan	*braḏḏan*
sprats, cuddy-fish	cudaigean	*coo·ḏeeken*
trout (pl)	breac (bric)	*brechk (breechk)*
whiting	cuiteag	*cuh·eetchack*

basking shark	cearban	*k·yerrabban*
dolphin	leumadair	*l·yaemuddir*
otter	dòbhran	*doe·ran*
seal	ròn	*rawn*
whale	muc-mhara	*moochk·varruh*
I am going fishing	**Tha mi 'dol a dh'iasgach**	*ha mee doll uh yee·uskoch*
Where's the best place?	Dè 'n t-àite as fheàrr?	*jaen tah·tchuh shahr?*
It's calm tonight	Tha e ciùin a-nochd	*ha eh k·yoon yunnochk*
There's a fine rain	Tha smùid-uisg' ann	*ha smooj ooshk a·oon*
That's the best thing	'S ann mar sin as fheàrr e	*sa·oon mar shin ush ahr eh*
How many fish did you catch?	Co mheud iasg a ghlac thu?	*coe vee·ut ee·usk uh ghlachk oo?*
Not one	Cha do ghlac gin	*cha daw ghlachk g·in*
It was this big ...	Bha e cho mòr ri seo ...	*va eh choe moer ree shaw ...*
It got away	Fhuair e air falbh	*hoo·ur eh ir fallav*
Don't you believe me?	Nach eil thu gam chreidsinn?	*nach il oo gam chritcheeñ?*
cast, casting	tilg, a' tilgeil	*tcheeleek, uh tcheeleekel*
(strong) current	sruth (bras)	*stroo (brass)*
fishing rod	slat iasgaich	*slaht ee·uskeech*
floating	air bhog, air flod	*ir voek, ir flot*
a fly, (the fly)	cuileag, (a' chuileag)	*coolack, (uh choolack)*
a hook	dubhan	*doo·an*
a line	driamlach	*dree·umloch*
a net, (nets)	lìon, (lìn)	*l·yee·un (l·yeeñ)*
a reel	ridhil	*ree·eel*
let out/pull in	leig a-mach/tarraing a-steach	*l·yeek uh mach/tarring guh sh·tchach*
sinking	a' dol fodha	*uh doll fawuh*
a weight	cuideam	*coo·jum*

Place Names: Scotland and International

Where are you going?	Càit a bheil thu 'dol?	*kahtch uh vil oo doll?*
I'm going to Glasgow	Tha mi 'dol a Ghlaschu	*ha mee doll uh Ghlasschoo*
to	do/dha/gu/a	*daw/gha/goo/uh*
Where are you from?	Co às a tha thu?	*coe ass uh ha oo?*
I'm (from Glasgow)	'S ann (à Glaschu) a tha mi	*sa·oon (a Glasschoo) uh ha mee*
from	bho/o/à (às)	*voe/oe/a (ass)*
I live in Inverness	Tha mi 'fuireach an Inbhir Nis	*ha mee fooroch un yeenyerneesh*
Where have you come from?	Co às a thàinig thu?	*coe ass uh hah·neek oo?*
I have come (from the Islands)	'S ann (às na h-eileanan) a thàinig mi	*sa·oon (ass nuh hillanun) uh hah·neek mee*
Are you on holiday?	An ann air na saor-laithean a tha sibh?	*unna·oon irrnuh seurlah·yin au ha shiv?*
What language is that?	Dè 'chànain a tha sin?	*jae chah·nan yuh ha shin?*
It's French	'S e Fraingis a th'ann	*sheh Frang·geesh uh ha·oon*
He's a Frenchman	'S e Frangach a th'ann	*sheh Frang·goch uh ha·oon*
Were you ever ...	An robh thu riamh ...	*un roe oo ree·uv ...*
... abroad?	... thall thairis?	*... ha·ool harrish?*
... in England?	... ann an Sasainn?	*... ann un Sasseeñ?*
... in Barra?	... ann am Barraigh?	*... ann um Barra·ee?*
Just once/No, never	Bha aon uair/cha robh a-riamh	*va eun oo·urr/cha roe uh ree·uv*
I went to America last year	Chaidh mi dh'Ameireaga an uiridh	*cha·ee mee ghammeruga un ooree*

Around Scotland

(See also p. 29 for mountain names, etc.)

the Islands	na h-eileanan	*nuh hillanun*
the mainland	tìr mòr	*tcheer moer*
the Highlands	a' Ghàidhealtachd	*uh Gheh·ulltochk*
the Lowlands	a' Ghalltachd	*uh Gha·ooltochk*
the Cuillin Hills	an Cuileann	*ung Coolun*
Caithness	Gallaibh	*Gah·luv*
Sutherland	Cataibh	*Cattuv*

the Minch	an Cuan Sgìth	*ung coo·an skee*
the North Sea	an Cuan a Tuath	*ung coo·an uh too·uh*
the Atlantic Ocean	an Cuan Siar	*ung coo·an shee·urr*
the Pacific Ocean	an Cuan Sèimh	*ung coo·an shehv*

Scottish islands

Shetland	Sealtainn	*shall·teeñ*
Orkney	Arcaibh	*arkuv*
Lewis (Lewisman)	Leòdhas (Leòdhasach)	*l·yoe·uss (l·yoe·ussoch)*
Harris (Harrisman)	na Hearadh (Hearach)	*nuh herrugh (herroch)*
Uist	Uibhist (Uibhisteach)	*oo·eestch (oo·eeshtchoch)*
Benbecula	Beinn a' Bhadhla (Badhlach)	*beh·een yuh veuluh (beuloch)*
Barra	Barraigh (Barrach)	*barra·ee (barroch)*
Skye	an t-Eilean Sgitheanach (Sgitheanach)	*untchillan skee·annoch (skee·annoch)*
Tiree	Tiriodh (Tiristeach)	*tchirr·eeyuh (tchirr·eesh·tchoch)*
Mull	Muile (Muileach)	*mooluh (mooloch)*
Iona	Eilean Idhe	*illan ee·uh*
Islay	Ile (Ileach)	*eeluh (eeloch)*

Scottish towns

Aberdeen	Obair Dheadhain	*oe·burr·eh·eeñ*
Dundee	Dun Dèagh	*doon jae*
Edinburgh	Dùn Èideann	*doon ae·jun*
Fort William	an Gearasdan	*ung g·yerrustan*
Fraserburgh	a' Bhruach	*uh vroo·uch*
Glasgow	Glaschu	*glass·choo*
Inverness	Inbhir Nis	*een·yerneesh*
Oban	an t-Òban	*un tawban*
Perth	Peairt	*p·yarsht*
Portree	Port Rìgh	*porsht ree*
Stirling	Sruighlea	*stree·la·ee*
Stornoway	Steòrnabhagh	*sh·tchorn·uvagh*
Wick	Inbhir Ùige	*eenyer oog·yuh*

International

Belfast	Beul Feirst	*b·yal f·yarsht*
Dublin	Bail Ath Cliath	*bal A clee·uh*
London	Lunnainn	*looneen*
Rome	an Ròimh	*un roy*

(Most other capitals cities are as in English)

Country			Nationality	Language
America	Ameireaga	*ammeruga*	Ameireaganach	
Australia	Astràilia	*astrah·lee·a*	Astràlianach	
Canada	Canada	*canada*	Canèidianach	
(Nova Scotia)	Alba Nuadh	*alabbuh noo·agh*		
China	Sìna	*sheena*	Sìneach	Sìneach
Egypt	an Èipheit	*un yae·fetch*	Èipheiteach	
England	Sasann	*sassun*	Sasannach	Beurla (b·yirluh)
Finland	Fionnlann/ Suomi	*fyownlan/soo·oemee*	Fionnlannach	
France	an Fhraing	*uh ra·eeng·g*	Frangach	Fraingis
Germany	A' Ghearmailt	*uh yerrum·altch*	Gearmailteach	Gearmailtis
Greece	A' Ghreug	*uh ghraeg*	Greugach	Greugais
Holland	An Òlaind	*un awlanj*	Òlaindeach	
Iceland	Innis Tìl	*een·yeesh tcheel*		
India	na h-Innsean	*nu heenshun*	Innseanach	Innseanach
Ireland	Èireann	*ae·run*	Èireannach	Gàidhlig Éirinn
Italy	an Eadailt	*un yedd·altch*	Eadailteach	Eadailtis
Norway	Lochlann/ Nirribhidh	*loch·lun/ñirrivee*	Lochlannach	
Russia	Ruisia/an Ruis	*roosh·ee·a/un roosh*	Ruiseanach	Ruiseanach/ Ruisis
Scotland	Alba	*alabbuh*	Albannach	Gàidhlig/ Beurla
Spain	an Spàinn	*un spahñ*	Spàinnteach	Spàinntis
Sweden	an t-Suain	*un too·añ*	Suaineach	
Switzerland	an Eilbheis	*un yillivish·tch*	Eilbhisteach	
Wales	a' Chuimrigh	*uh choomurry*	Cuimreach	Cuimris/ Beurla
Britain	Breatann	*breh·tun*	Breatannach	
Europe	an Roinn Eòrpa	*un royn yorpuh*	Eòrpach	
the United States	na Stàitean Aonaichte	*nuh stah·tchun euneech·tchuh*		

H

Travelling, Transport and Accommodation

1. Transport
2. Accommodation & Facilities

1. Transport

(For town names used in conversation, see also Section H, p. 39)

General

We are touring the Highlands	Tha sinn a' tadhal air a' Ghàidhealtachd	*ha sheen yuh ţeu·ul̠ ir uh Gheh·ul̠tochk*
I'd like to see some of Scotland	Bu toil leam eòlas a chur air Alba	*boo ţoloom yawl̠uss uh choor ir Al̠abbuh*
My ancestors came from Sutherland	'S ann à Cataibh a bha mo shìnnsearan	*sa·oon̠ a Caţţuv uh va mo heensharrun*
I'd like to see the place	Bu toil leam an t-àite fhaicinn	*boo ţoloom un̠ ţah·tchuh ech·keeñ*
Are you on holiday?	An e saor-làithean a th'agaibh?	*un yeh seur l̠ah·yen uh hackuv?*
Yes/No (to *An e/Nach e* …?)	'S e/chan e	*sheh/chan yeh*
I'm working	Tha mi 'g obair	*ha mi goebir*
I came to a meeting	Thàinig mi gu coinneamh	*hah·neek mee goo coen·yuv*
I want to go to … (Dundee)	Tha mi 'g iarraidh a dhol a … (Dhun Deagh)	*ha mee g·ee·urry uh ghol̠l̠ uh … (ghoon jae)*
How can I get there?	Ciamar a gheibh mi ann?	*kimmer uh yaev mee a·oon̠?*
by bus or train	air a' bhus no air an trean	*ir uh vuss no ir un̠ ţrehn*
Which is the best way?	Dè 'n dòigh as fheàrr?	*jaen ḏaw yush ahr?*
Is it far away?	A bheil e fad às?	*uh vil eh faḏ ass?*
How far?	Dè cho fada?	*jae choe faţţuh?*
a mile or two/fifty miles	Mìle no dhà/leth-cheud mìle	*meeluh no ghah/ l·yech·yuţ meeluh*
I have to be in Perth by Monday	Feumaidh mi bhith ann am Peairt Diluain	*faemee mee vee an̠n̠ um P·yarsht jee l̠oe·uñ*
I'm meeting friends there	Tha mi 'coinneachadh chàirdean an sin	*ha mee coen·yochugh char·jun uh shin*
I'm going home that day	Tha mi 'dol dhachaigh an là sin	*ha mee ḏoll̠ ghachee un l̠ah shin*

| When will you be back? | Cuine bhios tu air ais? | *koonyuh viss doo ir ash?* |
| As soon as I can | Cho luath 's is urrainn dhomh | *choe loe·uh siss ooreeñ ghoe* |

Travelling by car

Can you tell me ...	An innis thu dhomh ...	*un yeensh oo ghoe ...*
Which is the best road to Inverness?	Dè 'n rathad as fheàrr a dhol a dh'Inbhir Nis?	*jaen rah·at ush ahr uh gholl uh yeenyerneesh?*
The Perth road is quicker	'S e rathad Pheairt as luaithe	*sheh rah·at F·yarsht iss loe·uh·yuh*
The Fort William road is more scenic	'S e rathad a' Ghearasdain as brèagha	*sheh rah·at uh Yerrussdañ uss bree·a·uh*
distance	astar	*asstur*
door(s)	doras (dorais/dorsan)	*dorrus (doreesh/ dorshan)*
engine	einnsean	*enshun*
fast, faster	luath, nas luaithe	*loe·uh, nuss loe·uh·yuh*
far away	fad às	*fat ass*
gallon	galan	*gallan*
litre	liotar	*lee·tar*
glass	gloine	*glon·yuh*
the horn	an dùdach *or* a' chonochag	*un doodoch (uh chonnochack)*
kilometre (km)	cilemeatair	*keelumettir*
the light(s)	an solas (na solais)	*un solluss (nuh soleesh)*
map	cairt-iùil	*carsht yool*
mile, miles (see also p. 15)	mìle, mìltean	*meeluh, meeltchun*
mirror	sgàthan	*skah·han*
near (us)	faisg (oirnn)	*fashk awrñ*
petrol, oil	peatrail, ola	*petral, olluh*
pint	pinnt	*peentch*
(road) sign	soighne	*suh-eenuh*
seats	suidheachain	*soo·yochañ*
slow, slower	mall, nas maille *or* slaodach, nas slaodaich	*ma·ool, nuss moll·yuh (sleudoch, nuss sleudeech)*
speed	astar *or* luaths	*asstur, loe·uss*
at speed	aig astar	*eck asstur*
steering-wheel	cuibhle-stiùiridh	*kuh·eeluh sh·tchoory*
the wheel(s)	a' chuibhle (na cuibhleachan)	*uh chuh·eeluh (nuh kuh·eelochun)*

J

43

window, (the windows)	uinneag (na h-uinneagan)	*oonyack (nuh hoon·yackun)*
windscreen	uinneag-toisich	*oonyack ṭosheech*
We'll set off early	Togamaid oirnn tràth	*ṭoe·cummeetch awrñ ṭrath*
We should arrive ...	Bu chòir dhuinn ruighinn ...	*boo chawr ghuh·eeñ ree·eeñ ...*
... before dark	... mus bi e dorch	*... muss bee eh ḏorroch*
... before tea-time	... roimh àm tea	*... ro a·oom tea*
Who's going in the back?	Cò tha 'dol sa chùl?	*coe ha ḏoḷḷ suh choeḷ*
I am/Not me	Tha mise/Chan eil mise	*ha meeshuh/chan yil meeshuh*
I'm sitting in the front	Tha mise 'suidhe san toiseach	*ha meeshuh soo·yuh suṇ ṭoshoch*

Facilities on the road

Where will we stop to eat?	Càit an stad sinn a dh'ithe?	*kahtch un sṭaṭ sheeñ uh yeechuh?*
I want a place where the children can play	Tha mi 'g iarraidh àit' far am faod a' chlann a chluich	*ha mee g·ee·urry ahtch far um feuṭ uh chḷa·ooṇ uh chḷoo·eech*
I'd prefer a place with a toilet and cafe too	B'fheàrr leam àite le taigh beag agus cafe cuideachd	*b·yahr loom ahtch le ṭuh·ee bick ughuss cafe coo·jochk*
You should try ...	Bu chòir dhuibh ... fheuchainn	*boo chawr ghuh·eev ... ee·acheeñ*
Where is the next petrol station?	Càit a bheil an ath-stèisean peatrail?	*kahtch uh vil uṇ A steshun peṭral?*
It's still quite a distance away	Tha e astar math air falbh fhathast	*ha eh assṭur ma ir faḷav hah·asṭ*
Will we get food there as well?	Am faigh sinn biadh an sin cuideachd?	*um fa·ee sheeñ bee·ugh uh shin coojochk?*

In the car

Do you know the road?	An aithne dhut an rathad?	*uṇ ann·yuh ghooṭ un rah·aṭ?*
Yes/No (to *An aithne/ Nach aithne...?*)	'S aithne/Chan aithne	*sann·yuh/chaṇ ann·yuh*
It has changed	Tha e air atharrachadh	*ha eh ir A·hurrochugh*
They're working on the road	Tha iad ag obair air an rathad	*hahṭ ug oebir irruṇ rah·aṭ*
There's a new bridge	Tha drochaid ùr ann	*ha ḏrocheetch oor a·ooṇ*
It's much better than it used to be	Tha e mòran nas fheàrr na chleachd e bhith	*ha eh moe·ran nush ahr na chlechk eh vee*

That caravan is keeping us back	Tha 'n carabhan sin a' cur maill' oirnn	*hang caravan shin uh coor ma·eel yawrñ*
Overtake it then	Falbh seachad air ma tha	*falav shachut ir ma ha*
You're driving too fast/too slow	Tha thu 'dràibheadh ro luath/ro mhall	*ha oo druh·eevugh ro loe·uh/ro va·ool*
Shall I take a spell at the wheel?	An gabh mis' a' chuibhle greis?	*ung gav meesh uh chuh·eeluh grish?*
Yes/No (to *An gabh/Nach gabh ...?*)	Gabhaidh/Cha ghabh	*gavee/cha ghav*
The children are making too much noise	Tha a' chlann a' dèanamh cus fuaim	*ha uh chla·oon uh jannuv cooss foo·um*
Look out!	Thoir an aire!	*hor un arruh!*
There's a sheep on the road	Tha caora air an rathad	*ha keuruh ir un rah·at*
The road's slippery	Tha an rathad sleamhainn	*ha un rah·at shleh·veeñ*
Shut up!	Dùin do bheul!	*doon daw vee·al*
Stop nagging me	Sguir a throd rium	*skoor uh h·rot room*
Do you want to get out and walk?	A bheil thu 'g iarraidh a dhol a-mach a choiseachd?	*uh vil oo g·ee·urry uh gholl uh mach uh choshochk?*

Travelling by public transport

aboard	air bòrd	*ir bawrd*
aeroplane	plean *or* itealan	*plehn (eetchullan)*
the boat	am bàta	*um bah·tuh*
on the boat	air a' bhàta	*irruh vah·tuh*
the bus	am bus	*um buss*
on the bus	air a' bhus	*irruh vuss*
busy/quiet	trang/sàmhach	*trang·g/sah·voch*
destination	ceann-uidhe	*c·ya·oon oo·yuh*
empty/full	falamh/làn	*faloov/làhn*
the fare	am faradh	*um farrugh*
the ferry	an t-aiseag	*un tashuck*
the journey	an t-astar	*un tasstur*
the office	an oifis	*un offish*
payment	pàigheadh	*pah·ugh*
suitcases	màileidean, ceusaichean	*mah·latchun, caes·eech·yin*
times	na h-uairean	*nuh hoo·urrun*
(on) the train	(air) an trean	*(ir) un trehn*

Travel information

Where will I get the bus?	Càit am faigh mi am bus?	*kahtch um fa·ee mee um buss?*
Do you know ...	A bheil fios agad ...	*uh vil fiss ackut ...*
when the train leaves?	cuin' a bhios an trean a' falbh?	*koon·yuh viss un trehn uh falav?*
It leaves at ...	Bidh e 'falbh aig ...	*bee eh falav eck ...*
How long does it take to get to ...?	Dè cho fada sa bhios e mus ruig e ...?	*jae choe fat suh vee·uss eh mooss reek eh ...?*
It'll take three hours	Bidh e trì uairean a thìde	*bee eh tree oo·urrun uh hee·juh*
Which route does it take?	Dè 'n ràthad a bhios e 'dol?	*jaen rah·at uh viss eh doll?*
Does it stop anywhere?	Am bi e 'stad air an rathad?	*um bee eh stat irrun rah·at?*
Does the boat connect with the train for ...?	Am bi am bàta a' coinneachadh an trean gu ...	*um bee um bah·tuh uh coen·yochugh un trehn goo ...*
Is food available?	A bheil biadh ri fhaighinn?	*uh vil bee·ugh ra ayeeñ?*
Has the train left yet?	An do dh'fhalbh an trean fhathast?	*na ghalav un trehn hah·ast?*
The Glasgow train?	Trean Ghlaschu?	*trehn ghlass·choo?*
Yes	'S e *or* seadh	*sheh (shugh)*
You're too late. It's gone.	Tha thu ro fhadalach. Tha e air falbh.	*ha oo ro adalloch. Ha eh ir falav.*
You missed it	Chaill thu e	*cha·eel yoo eh*
When does the next one go?	Cuine dh'fhalbhas an ath-fhear?	*coon·yuh ghalavuss un A herr?*
Where is the phone?	Càit a bheil am fòn?	*kahtch uh vil uh phone*

Buying tickets

(For money, see pp. 78–79)

I want tickets	Tha mi 'g iarraidh tiocaidean	*ha mee g·ee·urry tickatchun*
Where do you wish to go?	Càit a bheil sibh ag iarraidh a dhol?	*kahtch uh vil shiv ug ee·urry uh gholl?*
I want to go to Inverness	Tha mi 'g iarraidh a dhol a dh'Inbhir Nis	*ha mee g·ee·urry gholl uh yeenyerneesh*
Are you travelling alone?	A bheil thu 'dol ann leat fhèin?	*uh vil oo doll a·oon let haen?*
How many of you are there?	Co mheud agaibh a th' ann?	*coe vee·ut ackuv uh ha·oon?*
Two adults and three children	Dithis mhòra agus triùir bheaga	*jee·eesh voer·uh ughuss troor vickuh*

Singles or returns?	Aon rathad no an dà rathad?	*eun rah·a<u>t</u> no u<u>n</u> <u>d</u>ah rah·a<u>t</u>?*
Just singles, please	Dìreach an aon rathad, ma 's e do thoil e	*jeeroch u<u>n</u> eun rah·a<u>t</u>, ma sheh <u>d</u>aw holl eh*
I want to take my car across	Tha mi 'g iarraidh an càr a thoirt leam a-null	*ha mee g·ee·urry ung cahr uh hort loom uh <u>n</u>oo<u>l</u>*
It will cost ... for the car, and ... for the driver	Cosgaidh e ... airson a' chàir, agus ... airson an dràibheir	*coss·kee eh ... irson uh char ughuss ... irson un <u>d</u>ruh·eever*

Aboard   J

I'd like a seat by the window	Bu toil leam suidhe ri taobh na h-uinneig	*boo <u>t</u>oloom soo·yuh ree <u>t</u>euv nu hoon·yeck*
Can I smoke here?	Am faod mi smocadh an seo?	*um feu<u>t</u> mee smoch·kugh un shaw?*
Yes/Sorry, no	Faodaidh/tha mi duilich, chan fhaod	*feu<u>t</u>ee/ha mee <u>d</u>ooleech, cha<u>n</u> eu<u>t</u>*
Is anyone sitting here?	A bheil duine 'na shuidhe an seo?	*uh vil <u>d</u>oon·yuh na hoo·yuh uh shaw?*
Nobody at all	Chan eil duine sam bith	*chan yil <u>d</u>oon·yuh sumbee*
It's very warm. Shall I open the window?	Tha e glè bhlàth. Am fosgail mi an uinneag?	*ha eh glae v<u>l</u>ah. Um fosskil mee u<u>n</u> oon·yack?*
Yes/No (to *Am fosgail ...?*)	Fosglaidh/Chan fhosgail	*fosk·lee/cha<u>n</u> oskil*

Are you comfortable?	A bheil thu comhartail?	*uh vil oo kovurshtal?*
Would you like anything to eat or drink?	A bheil sibh ag iarraidh rud sam bith ri ithe no ri òl?	*uh vil shiv ug·ee·urry roo<u>t</u> sumbee ree eech no ree aw<u>l</u>?*
Is anyone meeting you?	Am bi duine 'tighinn do choinneachadh?	*um bee <u>d</u>oon·yuh tcheen <u>d</u>o choen·yochugh?*
Yes, my brother	Bidh, mo bhràthair	*bee, mo vrah·hur*

The voyage

It wasn't a bad journey	Cha b'e droch astar a bh'ann	*cha beh <u>d</u>roch ass<u>t</u>ur uh va·oo<u>n</u>*
Is it always this wild?	A bheil e an-còmhnaidh cho fiadhaich ri seo?	*uh vil eh ung cawnee choe fee·uh·eech ree shaw?*
The weather was so bad that the boat could not sail	Bha an t-sìde cho dona 's nach b'urrainn dhan bhàta seòladh	*va un tchee·juh choe <u>d</u>onnuh snach booree<u>ñ</u> ghan vah·<u>t</u>uh shaw<u>l</u>ugh*
I was sea-sick	Bha tinneas mara orm	*va tcheen·yuss marruh orrom*

It was a beautiful evening – I have never seen the sea so calm	'S e feasgar bòidheach a bh'ann – chan fhaca mi riamh a' mhuir cho ciùin	*sheh fess·kur baw·yoch uh va·oon̠ – chan̠ achkuh mee ree·uv uh voor choe k·yoon̠*
We were below the clouds	Bha sinn fo na sgòthan	*va sheeñ fo nuh skaw·un*
We could see all the islands beneath us	B'urrainn dhuinn na h-eileanan gu lèir fhaicinn fodhainn	*booreeñ ghuh·eeñ nuh hillannun goo l·yaer ech·keeñ faw·eeñ*

2. Accommodation and Facilities

a hotel	taigh-òst'	*t̠uh·ee awst̠*
a hostel	ostail	*ost̠al*
a guest-house	taigh-aoigheachd	*t̠uh·ee uh·ee·yochk*
all modern conveniences	a h-uile goireas	*uh hooluh g·eurass*
bed & breakfast	leabaidh 's bracaist	*l·yebee s bra·coshtch*
dinner	dìnnear *or* diathad	*jeenyer (jee·uh·hut̠)*
tea	tea/teatha	*tea/tee/tae·uh*
supper	suipear	*sooy·par*
room	rùm *or* seòmar	*roowm (shawmur)*
lounge	rùm-suidhe	*roowm soo·yuh*
dining room	rùm-ithe	*roowm eech·yuh*
bedroom	seòmar-cadail	*shawmur cad̠il*
bathroom	rùm-ionnlaid	*roowm yoon·l̠atch*
toilet	taigh beag	*t̠uh·ee bick*
upstairs	shuas an staidhre	*hoo·uss un st̠uh·eeruh*
downstairs	shìos an staidhre	*hee·uss un st̠uh·eeruh*
bath	amar/bath	*ammur/bath*
blanket(s)	plaide (plaideachan)	*pl̠a·juh (pl̠a·jochun)*
central heating	teas on mheadhan	*tchess on vee·an*
electric blanket	plaide dealain	*pl̠a·juh jal̠lan*
hot water	uisge teth *or* bùrn teth	*oosh·kuh tcheh (boern tcheh)*
hot-water bottle	botal teth	*bot̠t̠ull tcheh*
sheets	anartan-leapa	*annurtun l·yeppuh*
shower	fras-nighe	*frass n·yee·uh*
sink	mias	*mee·uss*
towel	tubhailt *or* searbhadair	*d̠oo·altch (sharra·ud̠d̠ar)*
bigger/smaller	nas motha/nas lugha	*nuss mawuh/nuss leu·uh*
cold, colder	fuar, nas fhuaire	*foo·urr, nuss oo·urruh*
hot, hotter	teth, nas teotha	*tcheh, nuss tchawuh*

warm, warmer	blàth, nas blàithe	*blah, nuss blah·yuh*
noisy	fuaimneach	*foo·umroch*
quieter	nas sàmhaich	*nuss sah·veech*
suitable	freagarrach	*frickurroch*
We're looking for a place to stay	Tha sinn a' lorg àite far am fuirich sinn	*ha sheeñ uh lorrock ah·tchuh far um fooreech sheeñ*
Have you any vacancies?	A bheil rùm gu leòr agaibh?	*uh vil roowm goo l·yawr ackiv?*
Yes/No	Tha/Chan eil	*ha/chan yil*
What will it cost?	Dè chosgas e?	*jae choskuss eh?*
Is that bed & breakfast?	An e sin leabaidh 's bracaist?	*un yeh shin l·yebee s brach·kostch?*
Yes, and dinner	'S e, agus dìnnear cuideachd	*sheh, ughuss jeen·yer koo·jochk*
I phoned yesterday for a room. My name's …	Dh'fhòn mi an dè ag iarraidh rùim. Is mise …	*ghoen mee un jae ug·ee·urry roowm. Iss meeshuh …*
I'd like a double room (a single room)	'S e rùm dùbailte (rùm singilte) tha mi 'g iarraidh	*sheh roowm doobeeltchuh (roowm shing·geeltchuh) ha meeg·ee·urry*
How long will you be staying?	Dè cho fada 's a bhios sibh a' fuireach?	*jae choe fattuh suh viss shiv uh fooroch?*
How many nights?	Co mheud oidhche?	*coe vee·ut uh·eech·yuh?*
How many persons?	Co mheud duine?	*coe vee·ut doon·yuh?*
Myself and my wife	Mi fhìn 's mo bhean	*mee heen smoe ven*
Please sign the book	An sgrìobh sibh bhur n-ainm anns an leabhar	*un skreev shiv voor nannam unsun l·yawr*
Is there …	A bheil …	*uh vil …*
a fire/a phone/a kettle … in the room	teine/fòn/coire … anns an rùm	*tchennuh/phone/corruh … unsun roowm*
Do you have internet access?	A bheil cothrom an eadar-lìon agaibh?	*uh vil korrom un eddir l·yeeon ackiv?*
Here is your key	Seo an t-iuchar agaibh	*shaw an tchoocher ackiv*
What number is the room?	Dè 'n àireamh a th'air an rùm?	*jaeñ ahruv uh hir un roowm?*
Do you need anything?	A bheil rud sam bith a dhìth oirbh?	*uh vil root sumbee uh yee irriv?*
The room is too small	Tha an rùm ro bheag	*ha an roowm ro vick*
The light is broken – it needs mended	Tha an solas briste – tha e 'g iarraidh càradh	*ha un sollus breesh·tchuh – ha egg·ee·urry cah·ragh*
Can I have another pillow?	Am faod mi cluasag eile fhaighinn?	*um feut mee cloe·ussack illuh ayeeñ?*

When is breakfast?	Cuine bhios bracaist ann?	*coon·yuh viss brach·coshtch a·oon?*
Between 8 and 9.30	Eadar ochd is leth-uair an dèidh naoi	*eddur ochk iss l·yehur un jae·ee neu·ee*
We will be in late	Bidh sinn a' tighinn a-steach anmoch	*bee sheeñ uh tcheen yuh sh·tchach annamoch*
Can we have a key?	Am faod sinn iuchar fhaighinn?	*um feut sheen yoochar ayeeñ?*
Come down at ten o'clock for a cup of tea	Thigibh a-nuas aig deich uairean ach am faigh sibh cupan teatha	*heekuv uh noo·ass eck jae·eech oo·urrun ach um fa·ee shiv coopan tee*
Will you wake me at seven o'clock?	An dùisg sibh mi aig seachd uairean?	*un dooshk shiv mee eck shachk oo·urrun?*
No problem – I'm up at five!	Gun dragh sam bith – tha mis' air mo chois aig còig!	*goon drugh sumbee – ha meesh ir moe chosh eck coe·ick!*

Eating and Drinking Out

A quick cuppa	srùbag	*strooback*
drink, drinking	òl, ag òl	*awl, ug awl*
eat, eating	ith, ag ithe	*eech, ug eechuh*
a cup	cupa/cupan	*coopa, coopan*
a mug	muga	*moo·guh*
a mouthful	balgam *or* srùbag	*ballagum (strooback)*
(tea) spoon	spàin (teatha)	*spahñ (tee)*
teapot/ a pot of tea	poit teatha	*poytch tee*
plate	truinnsear	*truh·eensher*
dish	soitheach	*seh·och*
a table	bòrd	*bawrd*
at the table/on the table	aig a' bhòrd/air a' bhòrd	*eck uh vawrd/irruh vawrd*
Come in and have a cup of tea	Thig a-steach 's gabh cupa teatha	*heek uh sh·tchach is gav coo·puh tee*
I haven't much time	Chan eil mòran tìd agam	*chan yil moe·ran tcheej ackum*
Go on. Just a mouthful	Siuthad. Dìreach balgam	*shoo·ut · jeeroch ballagum*
Thank you	Tapadh leat	*tappuh let*
Please	Ma 's e do thoil e/...bhur toil e	*ma sheh daw holl eh/ voor tol eh*
Tea or coffee	Tea no cofaidh	*tea no coffee*
I don't mind	Tha mi coma	*ha mee coe·muh*
As you please	Do thoil fhèin	*daw hol haen*
Is it tea you prefer?	An e teatha as fheàrr leat?	*un yeh tee ushahr let?*
I'd prefer coffee	B'fheàrr leam cofaidh	*b·yahr loom coffee*
Do you want milk?	A bheil thu 'g iarraidh bainne?	*uh vil oo g·ee·urry bann·yuh?*
Yes/No. Just a drop	Tha/Chan eil. Druthag bheag	*ha/chan yil. droo·ack vick*
It's a wee bit hot (for him) still	Tha e caran teth (dha) fhathast	*ha eh carran tcheh (ghah) hah·ast*
Can I have more milk?	Am faod mi tuilleadh bainne fhaighinn?	*um feut mee tool·yugh bann·yuh ayeeñ?*
Do you take sugar?	A bheil thu 'gabhail siùcair?	*uh vil oo gaval shooch·car?*

51

Yes/No (to *A bheil/ Nach eil* ...?)	Tha/Chan eil	*ha/chan yill*
How many spoons?	Co mheud spàin?	*coe vee·ut spahñ?*
A spoonful/half a spoon	Làn na spàine/leth-spàin	*lahn nuh spahn·yuh/l·yeh spahñ*
Did you stir it?	An do chuir thu mun cuairt e?	*nuh choor oo moong coe·ursht eh?*
Yes/No (to *An do chuir* ...?)	Chuir/cha do chuir	*choor/cha daw choor*
Is it sweet enough (too sweet)?	A bheil e milis gu leòr (ro mhilis)?	*uh vil eh meeleesh goo l·yawr (ro veeleesh)?*
It's just right	Tha e dìreach ceart	*ha eh jeeroch k·yarsht*
Take a cake or a biscuit	Gabh cèic no briosgaid	*gav keh·ck no briskatch*
Try these. I made them myself	Feuch iad seo. 'S e mi fhìn a rinn iad	*fee·ach at shaw. Sheh mee heen uh ra·een yat*
They are tasty	Tha iad blasta	*ha at blass·tuh*
Another cup? More cake?	Cupan eile? Tuilleadh cèic?	*coopan illuh? tool·yugh keh·ck?*
Another piece – a small piece?	Pìos eile – pìos beag?	*peess illuh – peess bick?*
No thanks (to *An gabh (understood)* ...?)	Cha ghabh, tapadh leat (leibh)	*cha ghav, tappuh let (leh·eev)*
Thank you but I couldn't	Tapadh leat ach cha b'urrainn dhomh	*tappuh let ach cha boereeñ ghoe*
I'm full up!	Tha mi làn!	*ha mee lahn*
Are you sure (you won't take another mouthful)?	A bheil thu cinnteach (nach gabh thu balgam eile)?	*uh vil oo keentchoch (nach gav oo balagum illuh)?*
Yes. I'm sure of it	Tha. Tha mi cinnteach às	*ha. ha mee keentchoch ass*
That was just lovely	Bha sin dìreach math/ Bha sin math fhèin	*va shin jeeroch ma/va shin ma haen*

In the hotel/bar

(strong) drink	deoch (làidir)	*joch (lah·jir)*
strong/weak	làidir/lag	*lah·jir/lack*
a bottle/a glass	botal/gloine	*bottull/glon·yuh*
a pint/a half-pint	pinnt/leth-pinnt	*peentch/l·yeh peentch*
water	uisge/bùrn	*ooshk·yuh (boern)*
(a lump of) ice	(cnap) deigh	*(crapp) jih·ee*
beer/whisky	leann/uisge-beatha	*l·yown/ooshk·yuh beh·huh*
wine/sherry	fìon/searaidh	*fee·unn/sherry*
black rum/white rum	ruma dubh/ruma geal	*roomuh doo/roomuh g·yal*

52

I am thirsty	Tha 'm pathadh orm	*hahm pah·ugh orrom*
What do you want to drink?	Dè tha thu/(sibh) 'g iarraidh ri òl?	*jae ha oo/(shheev) g·ee·urry ree awl?*
John, what will you have?	Iain, dè ghabhas tusa?	*ee·añ, jae ghavuss doo·suh?*
I'll have … orange juice	Gabhaidh mi … sùgh orainsear	*gavee mee … soo oransher*
I'd like a glass of lemonade	Tha mi 'g iarraidh gloine lemonade	*ha mee g·ee·urry glon·yuh lemonade*
Half a pint of beer, please	Leth-pinnt leann, ma 's e do thoil e	*l·yeh peentch l·yown, ma sheh daw hol eh*
A vodka and coke for me	Vodka is coke dhomhsa	*Vodka iss coke ghoe·suh*
Do you want whisky?	A bheil thu 'g iarraidh uisge-beatha?	*uh vil oo g·ee·urry ooshk·yuh beh·huh?*
A nip/a double	tè bheag/tè mhòr	*tchae vick/tchae voer*
I can't – I'm driving	Chan urrainn dhomh – tha mi 'draibheadh	*chan oereen ghoe – ha mee dra·eev ugh*
What do you take in it?	Dè ghabhas tu ann?	*jae ghavuss doo a·oon?*
Nothing – I take it neat	Cha ghabh càil. Bidh mi ga ghabhail leis fhèin	*cha ghav cahl. Bee mee ga ghaval lish haen*
A drop of water	boinneag uisge	*bon·yack ooshk·yuh*
That's enough	Fòghnaidh sin	*foe·nee shin*
How much will that be?	Dè bhios sin?	*jae vee·uss shin?*
What do you want with it?	Dè tha thu 'g iarraidh còmhla ris?	*jae ha oo g·ee·urry kawla reesh?*
A snack? Nuts or crisps?	Greim bìdh? Cnothan no criospaichean?	*graem bee? crawun no crispeech·yin?*
Nothing, thanks	Chan eil càil, tapadh leat	*chan yil cahl, tappuh let*
Cheers/Good health	Slàinte/Slàinte mhath	*slahn·tchuh/slahn·tchuh va*
Great health/Your (best) health!	Slàinte mhòr/Air do (dheagh) shlàint'!	*slahn·tchuh voer/ir daw (yae) lahn·tch!*
To all the future days!	A h-uile là a chì 's nach fhaic!	*uh hooluh lah ch·yee snach echk!*
There's something wrong with this drink	Tha rudeigin ceàrr air an deoch seo	*ha root eekin k·yahr irrun joch shaw*
It has a funny taste	Tha blas neònach air	*ha blass n·yawnoch ir*
Perhaps there's too much water in it?	'S dòcha gu bheil cus uisge ann?	*staw·chuh goo vil cooss ooshk ya·oon?*
Put it back and we'll get another	Cuir air ais e 's gheibh sinn fear eile	*coor ir ash eh s yaev sheeñ ferr illuh*
I won't take any more	Cha ghabh mi an còrr	*cha ghav mee ung cawr*
I've had enough	Ghabh mi gu leòr	*ghav mee goo l·yawr*
Don't give him any more	Na toir dha tuilleadh	*na dor ghah tool·yugh*

He's under the influence	Tha e leis an deoch	*ha eh lish un joch*
She's had a good drink	Tha 'n daorach air	*hahn deuroch orrih*
He's blind drunk	Tha e ga dhalladh	*ha eh ga ghallugh*
I'll take him home	Cuiridh mise dhachaigh e	*cooree meeshuh ghachee eh*

Eating a meal

(See also Family meals, p. 113)

I'm hungry	Tha 'n t-acras orm	*hahn tach·cruss orrom*
Where shall we eat?	Càit an ith sinn?	*kahtch un yeech sheeñ?*
Here is a good place	Seo àite math	*shaw ah·tchuh ma*
Have you an empty table?	A bheil bòrd falamh agaibh?	*uh vil bawrd falluv ackuv?*
There will be in a minute – you'll have to wait	Bidh air a' mhionaid – feumaidh sibh fuireach	*bee irruh vinnatch – faemee shiv fooroch*
Can we see a menu while we are waiting?	Am faod sinn clàr-bìdh fhaicinn fhad 's a tha sinn a' feitheamh?	*um feut sheeñ klahr bee ech·keeñ at suh ha sheeñ feh·hiv?*
What do you want to eat?	Dè tha thu/ (sibh) ag iarraidh ri ithe?	*jae ha oo/(sheev) g·ee·urry ree eech·yuh?*

In the room, etc.

table	am bòrd	*um bawrd*
the chair	an seathar	*un shaer*
the place	an t-àite	*un tah·tchuh*
knife (knives)	sgian (sginean)	*skee·un (skeenun)*
fork(s)	foirc (foircichean)	*fork (forkeech·yin)*
spoon(s)	spàin (spàinean)	*spahñ (spahn·yin)*
a large spoon/a small spoon	spàin mhòr/spàin bheag	*spahñ voer/spahñ vick*
plate(s)	truinnsear(an)	*truh·eensher(in)*
dish(es)	soitheach (soithichean)	*seh·och (seh·eech·yin)*
bowl(s)	bobhla (bobhlannan)	*bowluh (bowlunnun)*
glass(es)	gloine (gloineachan)	*glon·yuh (glon·yochun)*
table-cloth	tubhailt	*too·altch*
napkin	neapraigear	*n·yeprickar*
hot/cold/warm/tepid	teth/fuar/blàth/flodach	*tcheh/foo·urr/blah/floddoch*
clean/dirty	glan/salach	*glan/salloch*
sharp/blunt	geur/maol	*g·ee·ar/meul*
sweet/sour	milis/searbh	*meeleesh/sharrav*
thick/thin	tiugh/tana	*tchoo/tannuh*
good/bad	math/dona	*ma/donnuh*

Food and drink	biadh agus deoch	bee·ugh ughuss joch
breakfast	bracaist	*brackoshtch*
dinner	dìnnear	*jeenyer*
tea	teatha	*tee/tae·uh*
supper	suipear	*soo·eeper*
(the) bread	(an t-)aran	*(un ṯ)arran*
roll, rolls	roile, roilichean	*rolluh, roleech·yin*
(the) butter	(an t-)ìm	*(un tch)eem*
salt (salty)	an salann (saillte)	*un saḻḻuṉ (sa·eeltchuh)*
pepper	am piopar	*um pippar*
red wine	fìon dearg	*fee·un jarrack*
white wine	fìon geal	*fee·un g·yaḻ*
rosé wine	fìon pinc	*fee·un peenk*
bacon	hama	*hammuh*
biscuits	briosgaidean	*briskatchun*
broth	brot/eanraich	*bro·ṯ/en·areech*
cheese	càise	*cah·shuh*
cottage cheese	gruth	*groo*
(the) egg, (the) eggs	(an t-)ugh, (na h-)uighean	*(un ṯ)oo, (nuh h)ooyun*
boiled eggs	uighean bruich	*ooyun proo·eech*
scrambled eggs	uighean pronn	*ooyun pruh·ooṉ*
fried egg	ugh air praighigeadh	*oo ir pra·eegugh*
(the) fish	(an t-)iasg	*(untch)ee·usk*

(For different types of fish, see pp. 37–38, 89–90)

gravy	sugh na feòla/ sabhs	*soo nuff·yawḻuh/ sa·ooss*
juice	sùgh	*soo*
meat, the meat	feòil, an fheòil	*f·yawl, un yawl*

(For different types of meat, see p. 89)

sausages	isbeanan	*eeshbannin*
steak	stèic	*steh·k*
tomato	tomàto	*tomato*

vegetables	glasraich	glassreech
beans	pònair	*pawnur*
cabbage	càl	*kahḻ*
carrot(s)	curran(an)	*cooran(un)*
lettuce	liatas	*l·yee·aṯṯus*
onion(s)	uinnean(an)	*oon·yan(un)*
peas	peasair	*pessir*
turnip	snèip	*snehp*

55

sweetcorn	arbhar milis	*arravur meeleesh*
potatoes	buntàta	*boontah·tuh*
boiled potatoes	buntàta bruich	*boontah·tuh proo·eech*
mashed potatoes	buntàta pronn	*boontah·tuh pruh·oon*
roast potatoes	buntàta ròsta	*boontah·tuh rawstuh*
chips	slisneagan	*shlishñackun*

(See p. 57–58 for sweets/afters, etc.)

Ordering food

What do you want?	Dè tha sibh ag iarraidh?	*jae ha shiv ug·ee·urry?*
I want ...	Tha mi 'g iarraidh ...	*ha mee g·ee·urry ...*
What will you take?	Dè ghabhas sibh?	*jae ghavuss shiv?*
First, I'll have ...	An toiseach, gabhaidh mi ...	*un toshoch, gavee mee ...*
then ...	an uair sin ...	*un oer shin ...*
and after that ...	agus às dèidh sin ...	*ughuss uss jae·ee shin ...*
What have you today?	Dè th'agaibh an-diugh?	*jae hackiv un joo?*
The ... is very good	Tha an ... glè mhath	*ha un ... glae va*
I think I'll try ...	Tha mi 'smaoineachadh gum feuch mi ...	*ha mee smeun·yochugh goom fee·ach mee ...*
Won't you try ...?	Nach feuch sibh ...?	*nach fee·ach shiv ...?*
I don't like ... at all	Cha toil leam ... idir	*cha toloom ... eejir*
I'm sure you'll like it	Tha mi cinnteach gun còrd e riut	*ha mee keentchoch goong kawrd eh root*
Have you ...?	A bheil ... agaibh?	*uh vil ... ackiv?*
Can we have small portions for the children?	Am faigh sinn truinnsearan beaga dhan chloinn?	*um fa·ee sheeñ truh·eensheren bickuh ghan chlo·eeñ?*
Yes/No (to *Am faigh/ Nach fhaigh...?*)	Gheibh/chan fhaigh	*yiv/chan a·ee*
We don't do that	Cha bhi sinn a' dèanamh sin	*cha vee sheeñ uh jee·annuv shin*
What's the ... like?	Ciamar a tha ...?	*kimmer uh ha ...?*
Sorry, the ... is finished	Tha mi duilich, tha an ... deiseil	*ha mee dooleech, ha un ... jishell*
I'll take ... instead	Gabhaidh mi ... 'na àite	*gavee mee ... na ah·tchuh*
How do you want your steak cooked?	Ciamar a tha thu 'g iarraidh an stèic agad air a dhèanamh?	*kimmer uh ha oo g·ee·urry un stehk ackut irruh yee·annuv?*
... rare/medium/well-done	amh/meadhanach/air a dheagh ròstadh	*av/mee·annoch/irruh yae rawstugh*
Would you like something to drink?	A bheil sibh ag iarraidh rudeigin ri òl?	*uh vil shiv ug·ee·urry rooticken ree awl?*

K

56

Will you get me a drink of water?	Am faigh sibh deoch uisge dhomh?	*um fa·ee shiv joch ooshk·yuh ghoe?*
We'll have a bottle/half-bottle of wine	Gabhaidh sinn botal/leth-bhotal fìon	*gavee sheeñ bottull/l·yeh vottull fee·un*

The food comes

(See also p. 54)

Watch! The plates are hot	An air' oirbh-fhèin! Tha na truinnsearan teth	*uṉ Ar irriv haen – ha nuh ṯruh·eensheren tcheh*
This egg is too hard (too soft)	Tha 'n t-ugh seo ro chruaidh/(ro bhog)	*hahṉ too shaw ro chroo·uy (ro voek)*
This fish is raw (cold)	Tha 'n t-iasg seo amh (fuar)	*hahn tchee·usk shaw av (foo·urr)*
This meat is too tough	Tha 'n fheòil seo ro ruighinn	*hahn yawl shaw ro ree·eeñ*
It's overcooked	Fhuair e cus bruich	*hoo·ur eh cooss proo·eech*
I don't want it	Chan eil mi ga iarraidh	*chan yil mee ga ee·urry*
This is very tasty	Tha seo glè bhlasta	*ha shaw glae vḻasstuh*
Great stuff!	Math dha-rìreadh!	*ma gha reeroo!*
Can I have another knife – this one is blunt	Am faod mi sgian eile fhaighinn – tha 'n tè seo maol	*um feuṯ mee skee·un illuh ayeeñ – hahn tchae shaw meuḻ*
Please pass the salt	Cuir thugam an salann, ma 's e do thoil e	*coor hookum un saḻḻuṉ, ma sheh ḏaw hol eh*
Here you are	Seo dhut	*shaw ghooṯ*
There is too much for me	Tha cus ann dhomh	*ha cooss a·ooṉ ghoe*

For afters

Would you like anything else?	A bheil sibh ag iarraidh rud sam bith eile?	*uh vil shiv ug·ee·urry rooṯ sum bee illuh?*
Do you want a sweet?	A bheil sibh ag iarraidh rudeigin milis?	*uh vil shiv ug·ee·urry rooṯicken meeleesh?*
I'm not partial to sweets	Chan eil mi math air mìlsean	*chan yil mee ma ir meel·shun*
fruits	measan	*messun*
apple, apples	ubhal, ùbhlan	*oo·uḻḻ, oeḻun*
grapes	dearcan-fiona	*jerkun fee·unnuh*
orange(s)	orainsear(an)	*oransher(un)*
raspberries	sùbhagan	*soo·ackun*
strawberries	sùbhagan-làir	*soo·ackun ḻah·ir*
cream	bàrr/uachdar	*bahr/oo·uchker*
ice cream	reòiteag	*raw·tchack*
custard	uigheagan	*oo·yuckan*

jelly	silidh *or* slaman milis	*sheelee (slamman meeleesh)*
milk pudding	brochan-bainne	*brochan bannyuh*
cake	cèic	*kehk*
sponge	bonnach milis *or* aran milis	*bonnoch meeleesh (arran meeleesh)*
I'll have biscuits and cheese	Gabhaidh mise briosgaidean is càise	*gavee meeshuh briskatchun iss cah·shuh*
Do you have oatcakes or cottage cheese?	A bheil aran-coirce no gruth agaibh?	*uh vil arran corkuh no groo ackuv?*

The final reckoning

That was a lovely meal	'S e biadh math a bha sin	*sheh bee·ugh ma uh va shin*
Many thanks	Mòran taing	*moe·ran ta·eeng*
You're welcome	'S e ur beatha	*sheh oor beh·huh*
Did you have enough?	An robh gu leòr agaibh?	*un roe goo l·yawr ackiv?*
Yes, plenty	Bha pailteas	*va pal·tchuss*
Please come again sometime	Thigibh a-rithist uaireigin	*heekuv uh ree·eeshtch oo·urricken*
We will indeed	Thig gu dearbh	*heek goo jarrav*
Can I have the bill?	Am faigh mi an cunntas?	*um fa·ee mee ung coontass?*
Have you made a mistake?	An do rinn sibh mearachd?	*un daw ra·eeñ shiv merrochk?*
That's the correct price	'S e sin a' phrìs cheart	*sheh shin uh freesh ch·yarsht*
I haven't enough money	Chan eil airgead gu leòr agam	*chan yil arrag·yit goo l·yawr ackum*
Must I wash the dishes?	Am feum mi na soithichean a nighe?	*um faem mee nuh seh·eechyin uh nee·uh?*

Invitations, Entertainments and Activities

Where will we go?	Càit an tèid sinn?	*kahtch un jae·j sheeñ?*
What will we do?	Dè nì sinn?	*jae nee sheeñ?*
Where will we meet?	Càit an coinnich sinn?	*kahtch ung coen·yeech sheeñ?*
When will it start?	Cuine thòisicheas e?	*coon·yuh hawsheechuss eh?*
What about going to the club?	Dè mu dheidhinn dol dhan chlub?	*jae moo yae·een doll ghan chlub?*
with me	còmhla rium	*kawla room*
with you	còmhla riut	*kawla root*
with us	còmhla ruinn	*kawla reeñ*
Are you coming?	A bheil thu 'tighinn?	*uh vil oo tchee·eeñ?*
Yes/No	Tha/chan eil	*ha/chan yil*
If you like	Ma thogras tu	*ma hoekruss doo*
Will you come with us?	An tig thu còmhla ruinn?	*un jeek oo kawla reeñ?*
Yes/No (to *An tig/ Nach tig ...*?)	Thig/cha tig	*heek/cha jeek*
Do you want to go?	A bheil thu 'g iarraidh a dhol ann?	*uh vil oog·ee·urry uh gholl a·oon*
Yes/No	Tha/chan eil	*ha/chan yil*
Why won't you come?	Carson nach tig thu?	*cr·sawn nach jeek oo?*
Who else is going?	Cò eile tha 'dol ann?	*coe illuh ha doll a·oon?*

Invitation

There's a dance tonight in the hall	Tha danns ann a-nochd anns an talla	*ha da·ooss a·oon unnochk unsun talluh*
Would you like to come? (to the pictures)?	Am bu toil leat a thighinn? (do na dealbhan)?	*um boo tollet uh hee·eeñ? (daw nuh jallavun)?*
You must come ...	Feumaidh tu thighinn ...	*faemee doo hee·eeñ ...*
Come and have dinner	Trobhad 's gabh dinnear	*troe·ut skav jeenyer*
Come and visit us any time	Thig a chèilidh oirnn uair sam bith	*heek uh ch·yaelee awrñ oo·urr sumbee*

Acceptance

That would be nice	Bhiodh sin glè mhath	*vigh shin glae va*
I'd be pleased to come	Bhithinn toilicht' a thighinn	*vee·eeñ ṯollech·tch uh hee·eeñ*
I'd enjoy that	Chòrdadh sin rium	*chawrdugh shin room*
I'm all for it	Tha mise air a shon	*ha meeshuh irruh hon*
I want to see that	Tha mi 'g iarraidh siud fhaicinn	*ha mee g·ee·urry shiḏ echkeeñ*
I'm willing enough	Tha mi deònach gu leòr	*ha mee jawnoch goo l·yawr*

Refusal

I'm sorry	Tha mi duilich	*ha mee ḏooleech*
I can't (come)	Chan urrainn dhomh (thighinn)	*chaṉ ooreeñ ghoe (hee·eeñ)*
I'm busy	Tha mi trang	*ha mee ṯrang·g*
I haven't time	Chan eil tìd' agam	*chan yil tchee jackum*
I'll be away that day	Bidh mi air falbh an là sin	*bee mee ir faḻav un ḻah shin*
I have a prior engagement	Tha mi 'dèanamh rudeigin mar tha	*ha mee jee·annuv rooṯicken mar ha*

General words and phrases

an invitation	cuireadh	*coorugh*
dance	danns	*ḏa·ooss*
dinner	dinnear	*jeenyer*
fair/display	fèill	*fae·eel*
knees-up	hò-ro-gheallaidh	*hoe roe yaḻlee*
'bash'	splaoid/splaoidh'd	*spluh·eeḏ*
meeting	coinneamh	*coen·yuv*
party	pàrtaidh	*party*
the pictures	na dealbhan	*nuh jaḻlavun*
a play	dealbh-chluich	*jaḻlav chḻoo·eech*
visit/get together	cèilidh	*cae·lee*
Are you coming out?	A bheil thu tighinn a-mach?	*uh vil oo tchee·eeñ uh mach?*
He asked me to go out for a walk	Dh'iarr e orm a dhol a-mach cuairt	*yee·urr eh orrom uh ghoḻḻ uh mach coe·ursht*
They sent me word to come	Chuir iad fios thugam a thighinn	*choor aṯ fiss hookum uh hee·eeñ*
Won't you go with her?	Nach tèid thu còmhla rithe?	*nach jae·j oo kawḻa ree·uh?*
Yes/No (to *An tèid/Nach tèid ...?*)	Thèid/Cha tèid	*haej/cha jaej*

When should I be there?	Cuine bu chòir dhomh a bhith ann?	*coon·yuh boo chawr ghoe uh vee a·oon?*
At eight o'clock in the evening	Aig ochd uairean feasgar	*eck ochk oo·urrun fesskur*
(For time, see p. 16)		
What shall I wear?	Dè chuireas mi orm?	*jae chooruss mee orrom?*
Suit yourself	Do thoil fhèin	*daw hol haen*
Are you nearly ready?	A bheil thu gu bhith deiseil?	*uh vil oo goo vee jishell?*
I won't be long	Cha bhi mi fada	*cha vee mee fattuh*
What does it cost to get in?	Dè chosgas e a dhol a-steach?	*jae choskuss eh uh gholl uh sh·tchach?*
I'll pay for you	Pàighidh mise dhut	*pa·ee meeshuh ghoot*
I hope you enjoy it	Tha mi 'n dòchas gun còrd e riut	*ha meen daw·chuss goong cawrd eh root*
I waited for her ...	Dh'fhuirich mi rithe ...	*ghooreech mee ree·uh ...*
but she didn't show up	ach cha do nochd i	*ach cha daw nochk ee*

L

Activities/sports/hobbies

(For fishing, outdoors etc., see Section G, p. 29)

athletics	lùth-chleasan	*loo chlessun*
climbing	sreap	*strep*
computing	coimpiutaireachd	*computer·ochk*
(card) collecting	cruinneachadh (chairtean)	*kroon·yochugh (charshtin)*
cycling	rothaireachd	*roharochk*
exercise (class)	(clas) eacarsaich	*class echkurseech*
fishing	iasgach	*ee·usskoch*
football	ball-coise	*ba·ool coshuh*
... team (goal)	... sgioba (tadhal)	*... skippuh (teu·ul)*
hobby (hobbies)/pastime(s)	cur-seachad(an)	*koor shachattun*
listening to music	ag èisteachd ri ceòl	*ug aesh·tchochk ree k·yawl*
photography	togail dhealbhan	*toe·kal yallavun*
sailing	seòladh	*shawlugh*
shinty	iomain *or* camanachd	*immañ (cammanock)*
singing (in a choir)	seinn (ann an còisir)	*sheh·eeñ (ann ung kawshir)*
skating	spèileadh	*spae-lugh*
skiing	sgìtheadh	*skee·ugh*
swimming	snàmh	*snahv*

(swimming pool)	(lòn-snàmh/amar-snàmh)	*(lawn snahv/ ammer-snahv)*
walking	coiseachd	*koshochk*
Do you fish?	Am bi thu 'g iasgach?	*um bee oo g·ee·usskoch?*
Yes/No	Bidh/cha bhi	*bee/cha vee*
Can you ski?	An aithne dhut sgìtheadh?	*un ann·yuh ghoot skee·ugh?*
Yes/No	'S aithne/chan aithne	*sann·yuh/chan ann·yuh*
Are you good at swimming?	A bheil thu math air snàmh?	*uh vil oo ma ir snahv?*
Yes/No	Tha/chan eil	*ha/chan yil*
I'm learning it	Tha mi 'ga ionnsachadh	*ha mee ga yoon·sochugh*
I've never tried it	Cha do dh'fheuch mi riamh e	*cha daw yee·ach mee ree·uv eh*
but I like watching it	ach 's toil leam a choimhead	*ach stoloom uh choy·ut*
I go to football every Saturday	Tha mi dol don bhall-coise a h-uile Disatharn	*ha mee doll don va·ool coshuh uh hooluh jee sahurn*
Do you fancy a game of golf?	A bheil thu 'g iarraidh geama golf?	*uh vil oo g·ee·urry g·ehmmuh golf?*
Who's your favourite singer/(group)?	Cò an seinneadair/(a' bhuidheann) as fheàrr leat?	*koe un shen·yuddar/(uh voe·yun) ushahr let?*

During play

Whose turn is it?	Co an cothrom a th'ann?	*koeng kaw·rum uh ha·oon?*
turn about	duine mu seach	*doon·yuh moo shach*
Who's winning?	Co tha 'cosnadh?	*koe ha kossnugh?*
Would you like to dance?	A bheil thu 'g iarraidh a dhanns?	*uh vil oo g·ee·urry uh gha·ooss?*
I'm having a rest for a minute	Tha mi 'leigeil m'anail greiseag	*ha mee l·yeekel mannal grishack*
I'm not very good at dancing	Chan eil mi ro mhath air danns	*chan yil mee ro va ir da·ooss*
Do you come here often?	Am bi thu 'tighinn a seo tric?	*um bee oo tchee·eeñ uh shaw treechk?*
Not often/fairly often	Cha bhi tric/gu math tric	*cha vee treechk/goo ma treechk*
Aren't you getting tired (of it)?	Nach eil thu 'fàs sgìth (dheth)?	*nach il oo fahss skee (yeh?)*
Isn't he a good singer?	Nach e tha math air seinn?	*nach eh ha ma ir sheh·eeñ?*
What a sweet voice!	Abair guth binn!	*Abbir goo beeñ!*

Afterwards/fond farewells

How did you enjoy the day (the play)?	Ciamar a chòrd an là (an dealbh-chluich) riut?	*kimmer uh chawrd un lah (un jallav chloo·eech) root?*
Did you enjoy the evening?	An do chòrd an oidhche riut?	*un daw chawrd unuh·eech·yuh root?*
I enjoyed it very much	Chòrd e rium glan	*chawrd eh room glan*
So did I	Chòrd is rium-sa	*chawrd iss room·suh*
It was awfully good	Bha e uabhasach math	*va eh oo·uvussoch ma*
I didn't like ... much	Cha do chòrd ... rium cus	*cha daw chawrd ... room kooss*
Who won?	Cò choisinn? (Cò ghlèidh/ cò ghabh?)	*koe chawsheen? (koe ghlae/koe ghav?)*
Which player did you like best?	Cò 'n cluicheadair a b'fheàrr leat?	*koen klooch·yuddir uh b·yahr let?*
I prefer ...	'S fheàrr leam ...	*shahr loom ...*
I liked ... best	'S e ... a b'fheàrr leam	*sheh ... uh b·yahr loom*
Can I take you home – I have a car	Am faod mi do thoirt dhachaigh – tha càr agam	*um feut mee daw hort ghachee – ha cahr ackum*
Yes/No	Faodaidh/Chan fhaod	*feutee/chan eut*
Shall I walk home with you?	An coisich mi dhachaigh còmhla riut?	*ung cosheech mee ghachee kawla root?*
Will you kiss me?	An toir thu dhomh pòg?	*un dor oo ghoe pawg?*
No, but I'll slap you!	Cha toir, ach bheir mi dhut sgailc!	*cha dor ach vir mee ghoot skalc!*
I love you	Tha gràdh agam ort	*ha gragh ackum orsht*
dear/darling/sweet-heart	a ghaoil/m'eudail/a leannain	*uh gheul/maedal/uh lennañ*
Will you marry me?	Am pòs thu mi?	*um paw soo mee?*
Yes/No	Pòsaidh/Cha phòs	*paw·see/cha fawss*
I want to go home	Tha mi 'g iarraidh a dhol dhachaigh	*ha mee g·ee·urry uh gholl ghachee*
It's late. I must go	Tha e anmoch. Feumaidh mi falbh	*ha eh annamoch – faemee mee falav*
That was a lovely evening	'S e oidhche mhath a bha sin	*sheh uh·eech·yuh va uh va shin*
Thank you for taking me out	Tapadh leat airson mo thoirt a-mach	*tappuh let irson mo hort uh mach*
Thank you for your company	Tapadh leat airson do chuideachd	*tappuh let irson daw choojochk*
You're welcome	'S e do bheatha	*sheh daw veh·huh*
When will I see you again?	Cuine chì mi rithist thu?	*coon·yuh chee mee ree·eeshtch oo?*

| Don't phone me – I'll phone you. | Na cuir fòn thugam – fònaidh mi fhìn dhutsa. | *na koor foen hookum – foenee mee-heen ghootsuh* |

The Church

Baptism	baisteadh	*um bash·tchugh*
the Bible	am Bìoball	*um bee·bul*
belief	an creideamh	*ung critchuv*
church/chapel	an eaglais	*un yick·lish*
(of the church)	na h-eaglaise	*nuh hick·lishuh*
(retiring) collection	tionaladh (anns an dealachadh)	*tchinnalugh (unsun jalochugh)*
Communion	an Comanachadh	*ung coe·mannochugh*
Confession	an Èisdeachd	*un yaesh·jochk*
the congregation	an coimhthional	*ung koy·h·yinnal*
funeral	tiodhlaigeadh/ amhlaigeadh	*tchee·ullikugh/ a·oollickugh*
holiday of obligation	Là Fèille	*lah fael·yuh*
holy	naomh/cràbhach	*neuv/crah·voch*
hymn(s)	laoidh(ean)	*luh·ee(yun)*
mass	aifreann	*uh·eerun*
the pulpit	a' chùbaid	*uh choo·beetch*
rosary	conair Mhoire	*connir voe·ruh*
the sermon	an searmon	*un sherramon*
the service	an t-seirbhis	*un tchirruveesh*
New Testament	an Tiomnadh Nuadh	*un tchimmunagh noo·agh*
Old Testament	an Seann Tiomnadh	*un sha·oon tchimmunagh*
wedding	pòsadh/banais	*paw·sugh/baneesh*
Are you coming to church?	A bheil thu 'tighinn dhan eaglais?	*uh vil oo tcheeñ ghan yick·lish?*
Can anyone attend?	Am faod duine sam bith a dhol ann?	*um feut doon·yuh sum bee uh gholl a·oon?*
Yes, of course	Faodaidh gu dearbh	*feut·ee goo jarrav*
What time does the service start?	Cuine bhios an t-seirbhis a' tòiseachadh?	*coon·yuh viss un tchirrivish uh taw·shochugh?*
How long does it last?	Dè cho fad 's a sheasas e?	*jae choe fatsuh hessus eh?*
About an hour	Mu uair a thìde	*moo oo·ur uh hee·juh*
Who is preaching?	Cò tha 'searmonachadh?	*coe ha sherramon·ochugh?*
the Reverend ...	(tha) an t-Urramach ...	*(ha) un toorumoch ...*
the Reverend Father	an t-Athair Urramach ...	*un tahar oorumoch ...*

The church has no resident preacher just now	Tha 'n eaglais bàn an-dràsta	*hahn yick·lish bahn un drah·stuh*
Who's precenting?	Cò tha 'togail an fhuinn?	*coe ha toe·kal un uh·eeñ?*
Let us pray	Dèanamaid ùrnaigh	*jee·annumeetch oer·nee*
Let us worship	Dèanamaid adhradh	*jee·annumeetch eu·rugh*
We will sing praise ...	Seinnidh sinn a chum A chliù ...	*shen·yee sheeñ uh choom uh chloo ...*
... in the 23rd psalm	... anns an treas salm thairis air an fhichead	*... unsun tress salam harrish irrun yeechit*
the Gospel according to St John	an Soisgeul a-rèir Eòin	*un soshk·yal uh rehr yawñ*

L

M

One-liners
(Sayings and Jokes)

The succinct one-liner is a feature of native Gaelic. Old proverbs abound and are an excellent illustration of neat idiomatic speech. The ability to throw in the apt one-liner to the conversation is the mark of the budding Gael – and good fun too! Try it and see. A couple of 'schoolboy' ones are also given here for good measure.

'S e obair là tòiseachadh	*sheh oebir lah tawshochugh*	It's a day's work to get started
An-diugh Diciadain, thriall an t-seachdain	*injoo jee kee·udeen, hree·ull untchack·un*	Today's Wednesday, the week's over
Tha 'n ceòl air feadh na fidhle	*Hang k·yawl ir figh nih feeluh*	Everything's gone wrong (music all over the fiddle)
B'eòlach mo sheanar air	*b·yawloch mo hennar ir*	Well my grandad knew it (sarcasm)(new-fangled things have no tradition)
An t-ionnsachadh òg, an t-ionnsachadh bòidheach	*in yoonsochugh awg in yoonsochugh bawyoch*	Learn young, learn fair
An car a tha san t-seana mhaide as duilghe thoirt às	*ing kar uh ha sin tchennuh vajuh iss doolooyuh hawrt ass*	The kink in the oldest stick is the worst to straighten out
Mar as mios an droch shìde 's ann as mios' an droch chlann	*Mariss miss in droch heejuh sa·oon iss miss in droch chla·oon*	The worse the bad weather, the worse the bad children
B' fheàrr a bhith sàmhach na droch dhàn a ghabhail	*b·yahr uh vee sahvoch na droch ghahn uh ghaval*	Better to be quiet than sing a bad song
'S math an sgàthan sùil caraid	*sma hin skah·han sool karritch*	A friend's eye is a good mirror
B' fheàrr a bhith dhìth a' chinn na bhith dhìth an fhasain	*B·yahr uh vee yee uh ch·yeen na vee yee un assañ*	Better to be without your head than out of fashion
An duine nach seall roimhe, seallaidh e às a dhèidh	*Undoonyuh nach sha·ool royuh shallee eh assih yae·ee*	He who does not look in front will be looking back (look before you leap)
An làmh a bheir, 's i a gheibh	*Unlahv uh virr shee uh yiv*	The hand that gives will receive

One-liners

An nì nach buin dhut, na buin dha	*Unnyee nach boeñ ghoot, na boeñ ghah*	Don't interfere in other folks' business
Cha do dhùin doras nach do dh'fhosgail doras	*Chaddaw ghooñ dorriss nach daw ghoeskill dorriss*	When one door closes another one opens
'S fheàrr sguir na sgàineadh	*shahr skoor na skah·nyugh*	Better to stop than to burst
Aithnichidh an truaghan e fhèin	*an·yeechee un troo-ughan e haen*	The wretch will recognize himself (equiv: People in glass houses...
Cha tig an aois leatha fhèin	*cha jeek un leh·a haen*	Age doesn't come alone
'S fheàirrde duine gàire!	*shar·juh doon·yih gah·rih*	A person's the better for a laugh! Better to stop etc.

M

Gnog, gnog! ... Cò th' ann?	*Grock, grock! ... coe ha·oon?*	Knock, knock! ... Who's there?
Hammy! ... Hammy cò?	*Hammy! ... Hammy coe?*	Hammy! ... Hammy who?
Tha mi ... sgìth/...a' fuireach/... 'g iarraidh deoch!	*Ha mee ... skee/ ... uhfooroch/... g·ee·urry joch*	I'm ... tired/ ... waiting / ...wanting a drink!

Carson a chaidh a' chearc tarsainn an rathaid?	*Karsawn uh cha·ee uh cherk tarsheen un ra·eetch?*	Why did the chicken cross the road?
Chan eil fhios am. Innis dhomh.	*Chan yil issum. Eensh ghaw.*	I don't know. Tell me.
... gus an ruigeadh i an taobh thall.	*... gooss un reekugh ee unteuv ha·ool*	... to get to the other side.

Dè thuirt an t-ochd-chasach ri a leannan?	*Jay hoert untochk chassoch ree lennan?*	What did the octopus say to his sweetheart?
... Teann a-nall 's thoir dhomh do làmh, do làmh, do làmh...	*... tcha·oon una·ools hawr ghaw daw lahv, daw lahv, daw lahv...*	... Come and give me your hand, your hand, your hand... (Gaelic song)

67

Special Occasions/Greetings

Special times of the year

April Fool's day	Là na gogaireachd	*lah nuh goggirochk*
Easter	a' Chàisg	*uh chah·shk*
Halloween	oidhche Shamhna	*uh·eech·yuh ha·oonuh*
Christmas	Nollaig	*nolla·eek*
Hogmanay	oidhche Challainn	*uh·eech·yuh chaleeñ*
New Year	a' bhliadhn' ùr	*uh vlee·un oor*
New Year's day	là na bliadhn' ùire	*lah nuh blee·un ooruh*
at Eastertime	aig àm na Càisge	*eck a·oom nuh cah·shk·yuh*
an Easter egg	ugh na Càisge	*oo nuh cah·shk·yuh*
Christmas day	Là Nollaig	*lah nolla·eek*
a Christmas tree	craobh Nollaig	*creuv nolla·eek*
Merry Christmas	Nollaig chridheil	*nolla·eek chree·yell*
and	agus	*ughuss*
Happy New Year	Bliadhna mhath ùr	*blee·unnuh va oor*

General greetings/weddings

Welcome (to you)	Fàilte (oirbh)	*fahl·tchih (irriv)*
a hundred thousand welcomes	Ceud Mìle Fàilte	*kee·ut meeluh fahl·tchih*
Congratulations!	Mealanaidheachd!	*m·yallan·eh·ochk!*
birthday	(co)là breith	*(koe)lah breh*
christening	baisteadh	*bash·tchugh*
wedding	banais *or* pòsadh	*baneesh (paw·sugh)*
bride	bean na bainnse	*ben nuh ba·eenshuh*
bridegroom	fear na bainnse	*fer nuh ba·eenshuh*
honeymoon	làithean na meala	*lah·yun nuh m·yalla*
speech	òraid	*awratch*
How old are you?	Dè 'n aois a tha thu?	*jaen eush uh ha oo?*
I'm twenty-one today	Tha mi aon air fhichead an-diugh	*ha mee eun ir eech·yit un joo*
Happy Birthday [to you]	(co)Là breith sona [dhut]	*(koe)lah breh sonnuh [ghoot]*

They are engaged	Tha iad fo ghealladh pòsaidh	*ha ee·at fo yallugh paw·see*
Wedding anniversary	Co-là pòsaidh	*koe lah paw·see*
Congratulations to both of you	Gu meal sibh bhur naidheachd	*goo m·yal shiv voor neh·ochk*
Lang may your lum reek	Gu ma fada beò sibh is ceò às 'ur taigh	*gooma fattuh b·yaw shiv iss c·yaw ass oor tuh·ee*
May all your days be happy ones	A h-uile là sona dhuibh 's gun là idir dona dhuibh	*uh hooluh lah sonnuh ghuh·eev skoon lah eejir donnuh ghuh·eev*
Health, wealth and happiness	Slàinte, sonas agus beairteas	*slahn·tchuh, sonnus ughuss b·yarshtuss*
[I] (We) hope ...	Tha [mi] (sinn) an dòchas ...	*ha [mee] (sheeñ) un dawchuss ...*
... that you have a great day	... gum bi là air leth agad (sing)/agaibh (pl)	*... goom bee lah ir l·yeh ackut/ackuv*
... that you are always as happy as you are today	... gum bi sibh an còmhnaidh cho sona 's a tha sibh an-diugh	*... goom bee shiv ung kawnee choe sonnuh suh ha shiv un joo*
... that things go well for you	... gun soirbhich cùisean leat (sing)/leibh (pl)	*... goon sirriveech cooshun let/leh·eev*
Ladies and Gentlemen	a Mhnathan 's a dhaoin-uaisle	*uh vrah·hun suh ghoon·yoo·ushluh*
We will have a speech from ...	Tha sinn 'dol a chluinntinn òraid bho ...	*ha sheeñ doll uh chluh·eentch·een awratch voe ...*
We will have a few words from ...	Cluinnidh sinn facal no dhà bho ...	*cluh·een·yee sheeñ fachkull no ghah voe ...*
... will say grace	gabhaidh ... an t-altachadh	*gavee ... un altochugh*
I was never happier than I am today	Cha robh mi riamh cho toilicht' 's a tha mi 'n-diugh	*cha roe mee ree·iv choe tolleech·tch suh ha meen joo*

Birth

She's pregnant	Tha i trom	*ha ee truh·oom*
She's expecting a baby	Tha dùil aice ri leanabh	*ha dool echk·yuh ree l·yenniv*
When are you expecting the baby?	Cuine tha dùil agad ris an leanabh?	*coon·yuh ha dool ackut rish un l·yenniv?*
in June	anns an Og-mhìos	*unsun awg veess*
It's a [boy] (girl)	'S e [gille] (nighean) a th'ann	*sheh [g·eel·yuh] (n·yee·un) uh ha·oon*
It's twins!	Tha dà leanabh ann!	*ha dah lenniv a·oon!*
The baby was born at ...	Rugadh an leanabh aig ...	*rookugh un l·yenniv eck ...*
It was ... in weight	Bha e ... a chuideam	*va eh ... uh choojum*

69

In Town

1. Places in town
2. Offices & Institutions
3. Asking Directions

(For Shops/Shopping, see Section P, p. 75)

1. Places in Town

the bank	am banca	*um bankuh*
the buses	na busaichean	*nuh busseech·yun*
car park	pàirc chàraichean	*pahrk chahreech·yin*
(multi-storey)	(iomadh-lobhtach)	*(immuh loe·toch)*
the castle	an caisteal	*ung cash·tchal*
(the) church	(an) eaglais	*(un) yigleesh*
the college	an colaiste/a'cholaiste	*ung collash·tchuh*
government offices	oifisean an riaghaltais	*offeeshun uhn ree·ulteesh*
(the) hospital	(an t-)ospadal	*un ossputal*
(the) hotel	(an) taigh-òsta	*(un) tuh·ee awst*
the library	an leabhar-lann	*un l·yawr la·oon*
the market	a' mhargaid	*uh varkatch*
a mechanic	ìnnleadair	*eeyluddar*
the museum	an taigh-tasgaidh	*un tuh·ee taskee*
the park	a' phàirc	*uh fahrk*
a petrol pump	pump peatrail	*pump pehtral*
the post office	oifis a' phuist	*offeesh uh foosh·tch*
the police station	oifis a' phoilis	*offeesh uh folleesh*
(the) school	(an) sgoil	*(un) skol*
the shopping centre	ionad nam bùithean	*innut nim boo·yin*
the sports centre	an t-ionad spòrs	*un yinnut spawrs*
the station	an stèisean	*un steh·shan*
a telephone	fòn	*phone*
town centre	meadhan a' bhaile	*mee·an ih valluh*
town hall	talla a' bhaile	*tal ih valluh*
the quay	an cidhe	*ung kee·uh*
the university	an t-oilthigh	*un oll huh·ee*
the youth hostel	ostail na h-òigridh	*osstal nuh hawgree*

2. Offices and institutions

the Crofters' Commission	Ùghdarras nan Croitearan	*oodarass nung crotcharun*
District Council Offices	Oifisean Comhairle na Sgìre	*offishun cawirl·yuh nuh skeeruh*
the Education Offices	Oifisean an Fhoghlaim	*offishun un eu·lum*
the Electricity Board	Bòrd an Dealain	*bawrd un jallañ*
the Hydro-Electric Board	Bòrd an Dealan-Uisge	*bawrd un jallan ooshk·yuh*
the European Parliament	Pàrlamaid na h-Eòrpa	*parlumatch nuh h·yawrpa*
the Forestry Commission	Coimisean nan Coilltean	*commishan nung cuh·eeltchun*
the Gaelic Board	Bòrd na Gàidhlig	*bawrd nuh Gah·leek*
the Gaelic Society	Comann na Gàidhlig (CNAG)	*coemunn nuh Gah·leek (k·nack)*
Highland Region	Roinn na Gàidhealtachd	*ruh·eeñ nuh geh·ulltochk*
The Highland Society	An Comunn Gàidhealach	*ung coe·mun geh·ulloch*
Highlands & Islands Enterprise	Iomart na Gàidhealtachd 's nan Eilean	*immart nuh geh·ulltochk snun yae·lan*
Nursery Schools Council	Comhairle nan Sgoiltean Àraich	*cawirl yuh nun skoltchin ah·reech*
Regional Council Offices	Oifisean Comhairle na Roinne	*offishun cawirl·yuh nuh ran·yuh*
Scottish Exec Rural Affairs Dept	Roinn Chùisean Dùthchail na h-Alba	*ruh·een chooshun doochal nuh hallabbuh*
Scottish Natural Heritage	Dualchas Nàdair na h-Alba	*doe·ullchuss nah·dir nuh hallabbuh*
Scottish Parliament	Pàrlamaid na h-Alba	*parlumatch nuh hallabbuh*
Strathclyde Regional Council (Offices)	(Oifisean) Comhairle Roinn Srathchluaidh	*(offishun) caw·irrluh ru·een sra·chloey*
the Tourist Information Centre	Oifis Fiosrachaidh Luchd-turais	*offeesh fissrochee loochk tooreesh*
Western Isles Islands Council	Comhairle nan Eilean Siar	*cawirl·yuh nun yae·lan shee·ur*

3. Asking directions

I am (We are) lost	Tha mi (tha sinn) air chall	*ha mee (ha sheen) ir cha·ool*
Where is ...?	Càit a bheil ...?	*kahtch uh vil ...?*
... a reasonable hotel	... taigh-òsd reusanta	*... tuh·ee awst rae·suntuh*
... a good restaurant	... taigh-bìdh math	*... tuh·ee bee ma*
... the nearest garage	... an garaids as fhaisge	*... un garratch us sashk·yuh*

... a shop which sells ...	... bùth a bhios a' reic ...	*... boo uh viss uh raechk ...*
... the main road for ...	... an rathad mòr a ...	*... un rah·at moer uh ...*
How can I get to ...?	Ciamar a ruigeas mi ...?	*kimmer uh rook·yuss mee ...?*
We are looking for ...	Tha sinn a' lorg ...	*hah sheen yuh lorrock ...*
Can you tell me ...	An urrainn dhut innseadh dhomh ...	*un oereeñ ghoot eenshugh ghoe ...*
... if there is ... nearby?	... a bheil ... faisg air làimh?	*... uh vil ... fashkir lah·eev?*
Is ... far from here?	A bheil ... fad às?	*uh vil ... fat ass?*
What way should I go to get to ...?	Dè rathad a ghabhas mi gu ruig ...?	*jae rah·at uh ghavuss mee goo roo·eek ...?*
Am I on the right road for ...?	A bheil mi air a rathad cheart airson ...?	*uh vil mee irruh rah·at ch·yarsht irson ...?*
Which way is ...(the station)?	Cò 'n taobh a tha ...(an stèisean)?	*koen teuv uh ha ... uhn steh·shun?*
I have only two days – What are the best things to see?	Chan eil agam ach dà là – Dè na rudan as fheàrr fhaicinn?	*chan yil ackum ach dah lah – jae nuh rootun ushahr echkeeñ?*

This is where to go

continue	cum a' dol	*koom uh doll*
go	falbh/thalla *or* theirig	*fallav/halla (hireek)*
follow	lean	*l·yen*
turn	tionndaidh	*tchoon·da·ee*
walk	coisich	*kosheech*
the first (road)	a' chiad (rathad)	*uh chee·ut (rah·at)*
the second	an dàrna	*un darnuh*
the third	an treas	*un tress*
on your left	air do làimh chlì	*ir daw lahv chlee*
on your right	air do làimh dheas	*ir daw lahv yess*
across	thairis air	*hareesh ir*
around/straight	timcheall air/dìreach	*tcheemeech·yull ir/jeeroch*
backwards/forwards	air ais/air adhart	*ir ash/ir eurt*
behind/in front of	air cùl/air beulaibh	*ir koel/ir bee·aliv*
beside	ri taobh	*ree teuv*
down/up	sìos/suas	*shee·uss/soo·uss*
far away/near	fad air falbh/faisg	*fat ir falav/fashk*
opposite	mu choinneamh	*moo choen·yiv*
over, above/under	os cionn/fo	*oe sk·yoon/fo*
past	seachad air	*shachut ir*
a bend	lùb	*loeb*
a building	togalach	*toekalloch*

a corner	oisean	*oshan*
a fork	gobhal	*goe·ul*
pavement	cabhsair	*ca·oo·sar*
(the) place	(an t-)àite	*(unt) ahtchuh*
road end	ceann an rathaid	*k·ya·oon uh rah·eetch*
(on the) street	(air an t-)sràid	*srah·j (irrun trah·j)*
(the) stairs	(na) staidhrichean	*(nuh) stuh·eereech·yin*
a roundabout	cuairtean	*coe·urshtan*
traffic lights	na solais	*nuh solleesh*
ambulance	carbad-eiridinn, ambulans	*carrabut irrijeen, ambulance*
bicycle	baidhsagal/rothair	*bicycle/ro·har*
bus(es)	bus(aichean)	*bus(eech·yin)*
car(s)	càr(aichean)	*car(eech·yin)*
coach	carbad	*carrabut*
fire engine	einnsean smàlaidh	*enshun smahlee*
lorry (lorries)	làraidh(ean)	*lahree(·yin)*
van(s)	bhan(aichean)	*van(eech·yin)*
Go down this road	Theirig sìos an rathad seo	*hirreek shee·uss un rah·at shaw*
Keep going till you reach ...	Cum a' dol gus a ruig thu ...	*koom uh doll goosun rook yoo*
Turn left	Tionndaidh ris an làimh chlì /(làmh cheàrr)	*tchoonda·ee reeshun lahv chlee / (lahv ch·yahr)*
Turn right	Tionndaidh ris an làimh dheas/(làmh cheart)	*tchoonda·ee reeshun lahv yess/ (lahv ch·yarsht)*
... then	... an uair sin	*un oe·r shin*
Stay on this side of the road	Fuirich air an taobh seo dhen rathad	*fooreech irrun teuv shaw yen rah·at*
Go past the station	Theirig seachad air a stèisean	*hirreek shachut irruh steh·shan*
Cross over to the other side	Falbh thairis dhan taobh eile	*falav harreesh ghan teuv illuh*
until you see ...	gus am faic thu ...	*goo sum fechk yoo ...*
until you reach ...	gus an ruig thu ...	*goo sun rook yoo ...*
It will be directly opposite you	Bidh e dìreach mu do choinneamh	*bee eh jeeroch moo daw choen·yiv*
It's a big red building	'S e togalach mòr dearg a th'ann	*sheh toekalloch moer jarrack uh ha·oon*
It's the place beside ...	'S e an t-àite ri taobh ... a th'ann	*sheh un tah·tchuh ree teuv ... uh ha·oon*
about a hundred yards/ metres	mu cheud slat/meatair	*moo chee·ut slaht/ meh·ttir*

O

(See p. 15 for distances)

| Go up the brae and turn at the lights | Falbh suas an leathad is tionndaidh aig na solais | *falav soo·ussun l·yee·at iss tchoonda·ee eck nuh solleesh* |
| It's easy to see | Tha e furasta ri fhaicinn | *ha eh foorustuh ree echkeeñ* |

Outcome

Don't turn here	Na tionndaidh an seo	*na tchoonda·ee un shaw*
You can't go left there	Chan fhaod thu dhol dhan làimh chlì an sin	*chan eut oo gholl ghan lahv chlee un shin*
It's a one-way street	'S e sràid aon-rathad a th'ann	*sheh srah·j eun rah·at uh ha·oon*
You'll need to turn and face the other way	Feumaidh tu tionndadh a dhol an rathad eile	*fae·mee doo tchoondagh uh gholl uh rah·at illuh*
Stop and ask someone else!	Stad is faighnich de chuideigin eile!	*stat iss fuh·eenyeech jeh choojicken illuh!*

O

P

Shopping

Where?

I am going to the shops	Tha mi 'dol do na bùithean	*ha mee doll donnuh boo·yun*
Where will I get ...?	Càit am faigh mi ...?	*kahtch um fa·ee mee ...?*
You'll get that at ...	Gheibh thu sin aig ...	*yiv oo shin eck ...*
Did you try ...?	An do dh'fheuch thu ...?	*un daw yee·ach oo ...?*
Yes/Not yet	Dh'fheuch/cha do dh'fheuch fhathast	*yee·ach/cha daw yee·ach hah·ast*
Where is the ...'s shop?	Càit a bheil bùth a' ...?	*kahtch uh vil boo uh ...?*

(For Directions, see pp. 71–74; for Tradesmen, see Section Q, p. 96)

1. Buying something

Please	Ma 's e do thoil e	*ma sheh daw hol eh*
Thank you	Tapadh leibh	*tappuh liv*
Very good	Glè mhath	*glae va*
Perhaps	'S dòcha	*staw·chuh*
cheap/dear	saor/daor	*seur/deur*
(the) money	(an t-) airgead	*(unt) arrag·yut*
(my) purse	(mo) sporan	*(mo) sporran*
a bag	baga	*bagguh*
a purchase	ceannach	*k·yannoch*
the price	a' phrìs	*uh free·sh*
useful	feumail	*fae·mal*
suitable	freagarrach/iomchaidh	*frickarroch/immochee*
similar (to)	coltach (ri)	*colltoch ree*
shop-keeper (fem.)	fear (tè) na bùtha	*fer (tcheh) nuh boo·huh*
the manager	am manaidsear	*um manatcher*
open/closed	fosgailte/dùinte	*foe·skeeltchuh/doontchuh*
self-service	fèin-fhrithealadh	*faen ree·halugh*
shopping trolley	cairt	*karsht*
What can I do for you?	Dè nì mi dhut?	*jae nee mee ghoot?*
Can I help you?	Am faod mi bhur cuideachadh?	*um feut mee vur coojochugh?*
What do you want?	Dè tha thu 'g iarraidh?	*jae ha oo g·ee·urry?*
I'm just looking	Tha mi dìreach a' coimhead	*ha mee jeeroch uh coyut*
I'm being served	Tha duine a' frithealadh orm mar tha	*ha doon·yuh uh free·halugh orrom mar hah*
I want ...	Tha mi 'g iarraidh ...	*ha mee g·ee·urry ...*
I'm looking for ...	Tha mi 'lorg ...	*ha mee lorrock ...*

I want to buy ...	Tha mi 'g iarraidh a cheannach ...	ha mee g·ee·urry uh ch·yannoch ...
Do you have ...?	A bheil ... agaibh?	uh vil ... ackuv?
Don't you have ...?	Nach eil ... agaibh?	nach il ....ackuv?
I saw it (in the window)	Chunnaic mi (san uinneig) e	choonick mee (unsun oonyeck) eh
this one?	am fear seo?	um ferr shaw?
Not that one – the one beside it	chan e am fear sin – am fear ri thaobh	chan yeh um ferr shin – um ferr ree heuv
Yes – those ones	Seadh – an fheadhainn ud	shugh – un yugheen yoot
Here you are	Seo dhut	shaw ghoot
It's not for myself	Chan ann dhomh-fhìn a tha e	chan a·oon ghoe heen uh ha eh
It's a present	'S e gibht/ preusant a th'ann	sheh g·eetch/prae·sant uh ha·oon
I like this	'S toil leam seo	stoll loom shaw
That's no good	Chan fhiach sin	chan yee·och shin
I'm not too fond of this one	Chan eil mi ro mhath air an fhear seo	chan yil mee ro va irrun yerr shaw
Have you got another one?	A bheil fear eile agaibh?	uh vil ferr illuh ackuv?
something similar	rudeigin coltach ris	rooticken colltoch reesh
I'd prefer ...	B'fheàrr leam ...	b·yahr loom ...
We haven't got that	Chan eil sin againn	chan yil shin ackeeñ ...
How about this one?	Dè mu dheidhinn am fear seo?	jae moo yae·eeñ um ferr shaw?
Something like this?	An leithid seo?	un l·yeheetch shaw?
Have you ever tried ...?	An do dh'fheuch thu riamh ...?	nuh yee·ach oo ree·uv ...?
I can't make up my mind	Tha mi eadar dà bheachd	ha mee eddur dah v·yachk
Which is best?	Cò fear as fheàrr?	coe ferr ushahr?
Buy them both	Ceannaich na dhà dhiubh	k·yanneech nuh ghah yoo
What do you think of it?	Dè do bheachd air?	jae daw v·yachk ir?
It suits you	Tha e 'tighinn dhut	ha eh tcheeñ ghoot
I'll take this	Gabhaidh mi am fear seo	gavee mee um ferr shaw
It's just right	Tha e dìreach ceart	ha eh jeeroch k·yarsht
Do you want anything else?	A bheil sibh ag iarraidh càil tuilleadh?	uh vil shiv ug·ee·urry kahl tool·yugh?
That'll do fine	Nì sin a' chùis *or* Nì sin an gnothach	nee shin uh choo·sh (nee shin ung graw·och)
That's the lot	'S e sin uil' e	sheh shin ool eh
Have you got a bag?	A bheil baga agaibh?	uh vil bagguh ackuv?

Shall I wrap it for you?	Am paisg mi dhut e?	um pashk mee ghoot eh?
Will you keep it for me?	An glèidh thu/sibh dhomh e?	ung glae yoo/ shiv ghoe eh?
If it's not suitable ...	Mur eil e freagarrach ...	moor il eh frickarroch ...
... can I change it?	... am faigh mi air atharrachadh?	... um fa·ee mee ir A·hurrochugh?
... can I get a refund?	... am faigh mi m'airgead air ais?	... um fa·ee mee marrag·yut ir ash?
I'll leave it just now	Fàgaidh mi an-dràst' e	... fah·kee mee un drahst eh
Maybe I'll come back for it	'S dòcha gun till mi air a thòir	staw·chuh goon tcheel mee irruh hawr

2. Payment – money/price

(For numbers, see Section D, p. 13)

a penny	sgillinn	skeeleeñ
twenty pence	fichead sgillinn	feech·yut skeeleeñ
twenty-five pence	còig sgillinnean fichead	coe·ik skeeleen·yun feech·yit
fifty pence	leth-cheud sgillinn	l·yeh ch·yut skeeleeñ
pound(s)	not(aichean)	nawt(eech·yin)
five pounds	còig not	coe·ik nawt
dollar(s)	doilear(an)	dollar(un)
a coin/coins	bonn/buinn	buh·oon/buh·een
paper money	airgead pàipear	arrag·yut peh·par
buy, buying	ceannaich, a' ceannach	k·yanneech, uh k·yannoch
sell, selling	reic, a' reic	rae·eechk, uh rae·eechk
pay, paying	pàigh, a' pàigheadh	pah·ee, uh pah·ugh
cost, costing	cosg, a' cosg	cosk, uh cosk
the price	a' phrìs	uh free·sh
value	luach or fiach	loe·och (fee·och)
cheap/dear	saor/daor	seur/deur
free (no payment)	an-asgaidh	un askee
a bargain	bargan	barragan
an account/statement	cunntas	coe·ntuss
ATM (automatic teller)	inneal banca	eenyal bankuh
an agreement	còrdadh	cordugh
the bank	am banca	um bankuh
a banker's card	cairt banca	karsht bankuh
the building society	an còmhlan-togalaich	ung cawlan toe·kaleech
a cheque (the cheque)	seic (an t-seic)	shae·chk (un tchae·chk)
a credit card	cairt creideis	karsht critch·eesh

78

a credit sale	ceannach creideis	*k·ya<u>nn</u>och critch·eesh*
a demand/withdrawal	iarrtas (airgid)	*ee·urr<u>t</u>uss (arrageetch)*
a deposit	eàrlas (airgid)	*yar<u>l</u>uss (arrageetch)*
direct banking	bancadh dìreach	*bankugh jeeroch*
'hole-in-the-wall' machine	inneal 'toll sa bhalla'	*eenya<u>l</u> tuh·oo<u>l</u> suh valluh*
hire purchase	ceannach coingheall	*k·ya<u>nn</u>och connoya·oo<u>l</u>*
insurance	urras	*oerass*
interest	riadh	*ree·ugh*
(bank) loan	iasad (banca)	*ee·ussu<u>t</u> (bankuh)*
a mortgage	mòrgais	*morrogash*
saving	sàbhaladh	*sah·vu<u>ll</u>ugh*
a sale	seòl (reic)	*shaw<u>l</u> (rae·chk)*
What price is that?	Dè 'phrìs tha sin?	*jae free·sh ha shin?*
What does it cost?	Dè tha e 'cosg?	*jae ha eh cosk?*
That will be ...	Bidh sin ...	*bee shin ...*
That costs ...	Tha sin a' cosg ...	*ha shin uh cosk ...*
two pounds each	dà not am fear	*<u>d</u>ah naw<u>t</u> um fer*
It's very expensive/too expensive	Tha e glè dhaor/ro dhaor	*ha eh glae gheur/ro gheur*
I won't pay that for it	Cha phàigh mi sin air	*cha fa·ee mee shin ir*
I haven't enough money	Chan eil airgead gu leòr agam	*chan yil arrag·yi<u>t</u> goo l·yawr ackum*
I haven't a penny	Chan eil sgillinn ruadh agam	*chan yil skeeleen roe·ugh ackum*
Something better than that	Rudeigin nas fheàrr na sin	*roo<u>t</u>icken nush ahr na shin*
a little cheaper	beagan nas saoire	*bickan nuss seuruh*
The price is reduced	Tha a' phrìs air a toirt sìos	*ha uh free·sh irruh <u>t</u>ort shee·uss*
It's a good buy	'S e ceannach mhath a th'ann	*sheh k·ya<u>nn</u>och va uh ha·oo<u>n</u>*
It's good value	Tha luach an airgid ann	*ha <u>l</u>oe·och u<u>n</u> arrag·eetch a·oo<u>n</u>*
I'm sorry – I've no change	Tha mi duilich – chan eil iomlaid agam	*ha mee <u>d</u>ooleech – chan yil immu<u>l</u>atch ackum*
What did you pay for it?	Dè phàigh thu air?	*jae fah·ee oo ir?*
It cost a fortune	Chosg e fortan	*chosk eh forshtan*
I only paid ... for it	Cha do phàigh mi ach ... air	*cha <u>d</u>aw fah·ee mee ach ... ir*
I got it free	Fhuair mi an-asgaidh e	*hoo·ur mee u<u>n</u> askee eh*

3. Faulty goods – breakages/repairs

broken (to bits)	briste ('na phìosan)	*breeshtchuh (na fee·sun)*
cracked	air a sgàineadh	*irruh skahn·yugh*
dead	marbh	*marrav*
durable	seasmhach	*shessvoch*
empty	falamh	*fal̲oov*
finished	deiseil	*jishell*
a hole (holed)	toll (air a tholladh)	*tuh·ool̲ (irruh hoe·l̲ugh)*
letting in	a' leigeil a-steach	*uh l·yeekell uh sh·tchach*
lumpy	cnapach	*crappoch*
loose	fuasgailt	*foo·uh·skeeltch*
(a piece) missing	(pìos) a dhìth	*(peess) uh yee*
old	aost	*eust̲*
rotten	grod/loibht'	*grott̲/l̲uh·eetch*
rusty	meirgeach	*mirrig·yoch*
scratched	air a sgròbadh	*irruh skrawbugh*
shaky	cugallach	*coogul̲loch*
soiled (dirty)	air a shalachadh (salach)	*irruh hal̲lochugh (sal̲loch)*
spent, worn	air a chaitheamh	*irruh cheh·huv*
split	air a sgoltadh	*irruh skoel̲tugh*
spoiled	mìllte	*meeltchuh*
torn	reubt'	*ree·abtch*
useless	gun fheum	*goon aem*
whole	slàn	*sl̲ahn*
withered	air seargadh	*ir sharrackugh*
I bought this here yesterday	Cheannaich mi seo ann an seo an-dè	*ch·yan̲neech mee shaw annuh shaw un jae*
It's no good at all	Chan eil e gu feum sam bith	*chan yil eh goo faem sum bee*
It doesn't work	Chan eil e 'g obair	*chan yil eh goebir*
It has a hole in it	Tha toll air	*ha tuh·ool̲ ir*
What happened to it?	Dè dh'èirich dha?	*jae yaereech gha?*
What caused it?	Dè dh'adhbhraich e?	*jae gheuvureech eh?*
I didn't touch it	Cha do bhean mi dha	*cha d̲aw ven mee gha*
They are easily broken	Tha iad furast' am briseadh	*ha at̲ foorust̲ um breeshugh*
This needs mending	Tha seo ag iarraidh càradh	*ha shaw ug·ee·urry kah·ragh*
Can it be mended?	An gabh e càradh?	*ung gav eh kah·ragh?*
Yes/No (to *An gabh/Nach gabh...?*)	Gabhaidh/Cha ghabh	*gavee/cha ghav*

It can be sewn	Gabhaidh e fuaigheal	*gavee eh foo·ull*
I'll do my best	Nì mi mo dhìcheall	*nee mee mo yeech·yull*
Will you give me another (in its place)?	An toir thu dhomh fear eile ('na àite)?	*un dorr oo ghaw ferr illuh (na ahtchuh)?*
I'll try to put it together	Feuchaidh mi ri chur ri chèile	*fee·achee mee ree choor ree ch·yaeluh*
I'll send it away for you	Cuiridh mi air falbh dhut e	*cooree mee ir falav ghoot eh*
How long will it take?	Dè cho fad 's a bhitheas e?	*jae choe fatsuh veeyuss eh?*
What will it cost?	Dè chosgas e?	*jae choskuss eh?*
When will it be ready?	Cuine bhios e deiseil?	*koonyuh viss eh jishell?*
It's not worth your while	Chan fhiach e dhut	*chan yee·och eh ghoot*
You could buy a new one for that price	Dh'fhaodadh tu fear ùr a cheannach air a' phrìs sin.	*gheu·dugh doo ferr oor uch·yannoch irruh freesh shin*
How long will it last?	Dè cho fad 's a sheasas e?	*jae choe fatsuh hessus eh?*
Who knows – they're not made to last these days!	Co aige tha fios – chan eil iad air an dèanamh ro mhath na làithean-s'!	*coe eck yuh ha fiss – chan yil at irrun jee·annuv ro va nuh lah·yuns!*

4. Describing things

4A Colour

black	dubh	*doo*
blue	gorm	*gorrom*
navy	dubh-ghorm	*doo ghorrom*
brown	donn	*duh·oon*
green	uaine	*oo·annyuh*
grey	glas	*glass*
pink	pinc	*peenk*
purple	purpaidh/corcur	*poorpee/corker*
red	dearg	*jarrack*
scarlet	sgàrlaid	*skarlatch*
white	geal	*g·yal*
yellow	buidhe	*boo·yuh*
light blue	liath	*l·yee·uh*
rust red	ruadh	*roe·ugh*
yellow-grey	odhar	*oe·urr*
colour(s)	dath(an)	*da(hun)*
coloured	dathach	*da·och*
multi-coloured	ioma-dhathach	*immuh gha·och*
the colour of earth	dath na talmhainn	*da nuh talaveeñ*
heather-coloured	dath an fhraoich	*da hun reu·eech*

all the colours of the rainbow	a h-uile dath sa bhogh-frois	*uh hooluh da suh voe frosh*
pale/paler	soilleir/nas soilleire	*sillyer/nus sillyerruh*
dark/darker	dorch/nas duirche	*dorroch/nuss dorroch·yuh*
What colour is this?	Dè 'n dath a tha seo?	*jaen da uh ha shaw?*
It's red	Tha e dearg	*ha eh jarrack*
What colour's your new car?	Dè 'n dath a th'air a' chàr ùr agad?	*jaen da uh hirruh char oor aghut?*
What colour do you want?	Dè 'n dath a tha thu 'g iarraidh?	*jaen da uh ha oo g·ee·urry?*
Do you have this in another colour?	A bheil seo agaibh ann an dath eile?	*uh vil shaw ackuv annun da illuh?*
What colour do you prefer?	Dè 'n dath as fheàrr leat?	*jaen da ishahr let?*
I'd prefer...	B'fheàrr leam ...	*b·yahr loom ...*
a red dress with a black jacket	dreasa dearg le seacaid dhubh	*dressuh jarrack leh shach·katch ghoo*
a paler shade of blue	gorm nas soilleire	*gorrom nus sillyerruh*
both of them the same colour	na dhà dhiubh air an aon dath	*nuh ghah yoo irrun eun da*

4B Quantity – weights and measures

(For numbers, see Section D, p. 13)

two or three	dhà no trì	*ghah no tree*
half a dozen	leth-dhusan	*l·yeh ghoo·san*
a dozen	dusan	*doosan*
a pair	paidhir	*peh·ur*
a set	seata	*settuh*
a (little) bit	bìdeag (bheag)	*beejack (vick)*
a bottle	botal	*bottull*
a box	bogsa, pucas	*boxuh, pooch·kuss*
a lump	cnap	*cra·p*
a packet	pacaid	*pach·catch*
a part	pàirt	*parshtch*
a piece	pìos	*peess*
a slice	slisneag	*shleeshnack*
amount	uimhir	*ooyir*
weight	cuideam	*cootchim*
weigh(ing)/measure(ing)	tomhais (a' tomhas)	*taweesh (uh tawuss)*
more (than)	tuilleadh/barrachd (air)	*tool·yigh/ barrochk (ir)*
less (than)	nas lugha (na)	*nuss leu·uh (na)*

P

this much	an uimhir seo	*un ooyir shaw*
too much	cus	*kooss*
light (lighter)	aotrom (nas aotrom)	*eutrum (nuss eutrum)*
heavy (heavier)	trom (nas truime)	*truh·oom (nus trimmuh)*

Weights and measures

a half pint	leth pinnt	*l·yeh peentch*
a pint	pinnt	*peentch*
a gallon	galan	*gallan*
a litre	liotar	*leetar*
an ounce(s)	ùnns(aichean)	*oonss(eech·yin)*
a quarter	cairteal	*cahrsh·tchal*
a kilo (kg)	kilo/cileagram	*kilogram*
half-kilo	leth-chilo/ leth-chileagram	*l·yeh cheelo(gram)*
a pound	pùnnd	*poond*
three pounds	tri pùinnd	*tree puh·eenj*
a stone	clach	*clach*
six inches	sia òirlich	*shee·a awrl·yeech*
centimetre(s) (cm)	ceudameatair(ean)	*k·yittuhvettur(un)*
metre(s)/ half metre	meatar(an)/leth mheatair	*mettur(un)/ l·yeh veh·tir*

How much do you want of it?	**Dè na tha thu 'g iarraidh dheth?**	*jae nuh ha oo g·ee·urry yeh?*
What amount do you want?	Dè 'n uimhir a tha thu 'g iarraidh?	*jaen ooyir ha oo g·ee·urry?*
... half a pound of butter	... leth-phunnd ìm	*... l·yeh foond eem*
... two kilos of potatoes	... dà chilo bhuntàt'	*... dah chilo voontaht*
... a pint of beer	... pinnt lionn	*... peentch l·yoon*
... two litres of milk	... dà liotar bainne	*... dah leetir bann·yuh*
Is that too much?	A bheil cus a sin?	*uh vil cooss uh shin?*
Shall I take a piece off?	An toir mi dheth pìos?	*un dawr mee yeh peess?*
It'll do	Nì e 'chùis	*nee eh choos*
a bit more/(less)	beagan a bharrachd/(nas lugha)	*bickan uh varraochk/ (nuss leu·uh)*
I'll take a piece of that	Gabhaidh mi pìos dhe sin	*gavee mee peess yeh shin*
... two of them	... dhà dhiubh sin	*... ghah yoo shin*
... three of these	... trì dhiubh seo	*... tree yoo shaw*
... some of those	... cuid dhiubh sin	*... kootch yoo shin*
That's enough	Tha sin gu leòr	*ha shin goo l·yawr*

4C Size

big (bigger)	mòr (nas motha)	*moer (nuss mawuh)*
small (smaller)	beag (nas lugha)	*bick (nuss leu·uh)*
long (longer)	fada (nas fhaide)	*fattuh (nuss a·juh)*
short (shorter)	goirid (nas giorra)	*girreetch (nuss g·yurruh)*
wide (wider)	farsaing (nas fharsaing)	*far·sing (nuss ahr·sing)*
narrow (narrower)	caol (nas caoile)	*keul (nuss keuluh)*
thick (thicker)	tiugh (nas tighe) *or* reamhar (nas reaimhre)	*tchoo (nuss tchee·uh)/ ravvur (nuss ra·eeruh)*
thin (thinner)	tana (nas taine)	*tannuh (nuss tan·yuh)*
tight	teann	*tcha·oon*
baggy	sgluiseach	*sklooshoch*
medium/fairly	meadhanach	*mee·annoch*
single (double)	singilte (dùbailte)	*shing·eeltchuh (doobeeltchuh)*
What size do you want?	Dè 'm meud a tha thu 'g iarraidh?	*jaem mee·at uh ha oo g·ee·urry?*
It doesn't fit	Chan eil e 'freagairt	*chan yil eh frickurt*
It's too big (too small)	Tha e ro mhòr (ro bheag)	*ha eh ro voer (ro vick)*
as big as this	cho mòr ri seo	*choe moer ree shaw*
a big one	fear mòr (masc.) tè mhòr (fem.)	*ferr moer/tchae voer*
smaller than that	nas lugha na sin	*nuss leuh·uh na shin*
much smaller	mòran nas lugha	*moe·ran nuss leu·uh*
a little bit longer	rud beag nas fhaide	*root bick nuss a·juh*
fairly large	meadhanach mòr	*mee·annoch moer*
terribly large	uabhasach mòr	*oo·uvassoch moer*
Do you have another in the same size?	A bheil fear eile agaibh air an aon mheud?	*uh vil ferr illuh ackiv irrun eun vee·at?*

4D Material

What sort of thing are you looking for?	Dè seòrsa rud a tha thu 'lorg?	*jae shawrsuh root uh ha oo lorrock?*
What sort of material is it?	Dè seòrsa stuth a th'ann?	*jae shawrsuh stoo uh ha·oon?*
It's leather	'S e leathar a th'ann	*sheh l·yehurr uh ha·oon*
on the outside	air an taobh a-muigh	*irrun teuv uh moo·ee*
on the inside	air an taobh a-staigh	*irrun teuv uh stuh·ee*
inside it	'na bhroinn	*na vra·eeñ*
cloth	aodach	*eudoch*
cotton	cotan	*cottan*
fur	bian	*bee·un*

P

glass	gloine	*glon·yuh*
gold	òr	*awr*
iron	iarainn	*ee·urrun*
leather	leathar	*l·yeh·hur*
nylon	nàidhlean	*na·eelan*
paper	pàipear	*peh·par*
plastic	plastaig	*plasteek*
rubber	rubair	*roobar*
stone (of stone)	clach (cloiche)	*clach (cloy·chyih)*
silk	sìoda	*sheeduh*
silver	airgead	*arrack·yut*
tweed	clò	*claw*
velvet	bheilbheit	*valavatch*
wooden	fiodha	*fighuh*
woollen	snàth	*snah*
real (silk)	(sìoda) ceart	*(sheeduh) k·yarsht*
imitation (silk)	(sìoda) samhlach	*(sheeduh) sa·ooloch*

4E General description/shape/texture

What sort of thing is it?	Dè seòrsa rud a th'ann?	*jae shawrsuh root uh ha·oon?*
What shape is it?	Dè 'n cumadh a th'air?	*jaeng coomugh uh hir?*
What does it look like?	Dè 'n coltas a th'air?	*jaeng coltass uh hir?*
bendy	lùbach	*loe·boch*
checkered, spotted	breac	*brechk*
coarse, rough	garbh	*garrav*
fresh	ùr	*oor*
fine (not coarse)	mìn	*meen*
flowery	dìtheanach	*jeehannoch*
fashionable	fasanta	*fasuntuh*
hairy/messy	molach (robach)	*molloch (robboch)*
hard	cruaidh	*croo·uh·ee*
old-fashioned	sean-fhasanta	*sheun assantuh*
patterned	craobhach	*kreuvoch*
pretty	snog	*snock*
round	cruinn	*cruh·eeñ*
sharp	biorach	*birroch*
shiny	gleansach	*glensoch*
smooth, even	rèidh	*rae*
soft	bog	*boek*
stretchy	sìnteach	*sheentchoch*

striped	srianach	*stree·unnoch*
strong	làidir	*lah·jir*
waterproof, protective	dìonach	*jee·unnoch*
weak	lag	*lack*
woolly	clòimhteach	*cluh·eetchoch*
ugly	grànda	*grah·duh*
high-heeled	le sàiltean àrda	*leh sahl·tchun arduh*
long-sleeved	le muinchillean fada	*leh munnucheel·yun fattuh*
home-made	dèant' aig an taigh	*jee·ant eck un tuh·ee*
hand-made	dèant' le làimh	*jee·ant leh la·eev*
machine-made	dèant' air inneal	*jee·ant ir een·yal*

5. Different Shops and Different Goods

As there was no standardised method of spreading new words in Gaelic (until comparatively recently) it will be found that English words for some items are used by Gaels. Many English speakers find it amusing to pick up English words in the middle of Gaelic speech. However, to take over words from other tongues is common practice in all living languages, including English (e.g. anorak, yogurt, guitar, vacuum, potato, etc, and from Gaelic itself – whisky, brogue, gillie, galore, etc.).

Where a Gaelic word for a modern article cannot be found, therefore, the English word may be used.

5(i) **Chemist**	**ceamadair**	*kemmudar*
bandage(s)	bann (bannan)	*ba·oon (bannun)*
comb	cìr	*keer*
cosmetics	cungaidhean-mhaise	*coong·eeyun vashuh*
cough mixture	leigheas-chasad	*l·yae·uss chassut*
hot-water bottle	botal teth	*bottull tcheh*
laxative	leigheas-fuasglaidh	*l·yae·uss foo·usklee*
lip stick	peanta bilean	*pentuh beelun*
ointment/cream	acainn	*achkeeñ*
medicine	leigheas	*l·yae·uss*
nappies (disposable)	badan (pàipear)	*battun (peh·par)*
perfume	cùbhraidheach	*cooreeyoch*
pills	pilichean	*pilleech·yin*
paper-tissues	neapraigean phàipear	*ñepreekun feh·par*
powder	pùdar	*poodar*
safety-pins	prìnichean-banaltraim	*preeneech·yin banaltrum*

shampoo	siabann-fuilt	*shee·ubbun falt*
soap	siabann	*shee·ubbun*
toothbrush	bruis-fhiaclan	*broosh ee·uchklun*
razor	beàrr-sgian	*b·yahr sk·yun*
razor blades	lannan do bheàrr-sgian	*lannun daw v·yahr-sk·yun*
sunglasses	gloineachan grèine	*glon·yochun graen·yuh*
Something ... for a sore throat	Rudeigin ... airson amhaich ghoirt	*Rooticken ... irson aveech ghorsht*
... for a sore head	... airson ceann goirt	*... irson c·ya·oon gorsht*
... to put away hoarseness	... a chuireas air falbh an tùchadh	*... uh chooruss ir falav un toochugh*

(For more on illnesses, etc., see pp. 132–35)

5(ii) Clothing and footwear

apron	aparan	*appuran*
belt	crios *or* bann	*criss (ba·oon)*
blouse(s)	lèine (lèintean)	*l·yaenuh (l·yaentchun)*
bonnet(s)	boineid(ean)	*bonnatch(un)*
boots	bòtannan	*bawtunnun*
briefs	briogais bheag	*briggish vick*
button(s)	putan(an)	*pootan(un)*
coat(s)	còta (còtaichean)	*cawtuh (cawteech·yun)*
dress(es)	dreasa (dreasaichean)	*dressuh (dresseech·yun)*
gloves	miotagan	*meetackun*
gown(s)	gùna (gùintean)	*goownuh (goowntchun)*
handkerchief(ves)	neapraig(ean)	*ñeh·preek(un)*
hat(s)	ad(an)	*at(un)*
headscarf	beannag	*b·yannack*
jacket(s)	seacaid(ean)	*shach·catch(un)*
jumper, pullover	peitean *or* geansaidh	*pae·tchan/g·ensee*
kilt	fèileadh	*faelugh*
kilt jacket	seacaid fèilidh	*shach·catch faelee*
nightgown	gùn-oidhche	*goown uh·eech·yuh*
pyjamas	deis-oidhche	*jish uh·eech·yuh*
shirt(s)	lèine (lèintean)	*l·yaenuh (l·yaentchun)*
shoe(s) [with high heels]	bròg(an)[le sàiltean àrda]	*brawg(un)[leh sahl·tchun ahrduh]*
shoelace(s)	barrall(an)	*barrul(un)*
shorts	briogais ghoirid	*briggish ghirreetch*
[a short] skirt	sgiorta [goirid]	*skirtuh[girreetch]*
[long] sleeve(s)	muinichill(ean)[fada]	*moonich·yeel(yun)[fa ttuh]*

P

87

slipper(s)	sliopar(an)	*slippar(un)*
socks, stocking(s)	stocainn(ean)	*stoch·keen(yun)*
suit(s)	deise (deiseachan)	*jishuh (jishochun)*
trousers	briogais	*briggish*
waistcoat	peitean	*pae·tchan*
underskirt	cota-bàn	*cawtuh bahn*
underwear	fo-aodach	*fo eudoch*

5(iii) Electrical goods, IT, audio etc.

automatic	fèin-obrachadh	*faen oebrochugh*
calculator	inneal-cùnntaidh	*eenyal coentee*
computer (laptop)	coimpiutair (-uchd)	*computer (oechk)*
cordless	gun uèir	*goon wehr*
digital	digiotach	*dijittoch*
disc(s)/ record(s)	clàr (an)	*klahr(un)*
dishwasher	nigheadair-shoithichean	*nee·uddar heh·eechyin*
(hair-)drier	tiormadair(-falt)	*tchirrimuddar(fahlt)*
[tumble]drier	tiormadair[tulgaidh]	*tchirrimuddar [toolookee]*
electric blanket	plaide-dealain	*pla·juh jallañ*
electric fire	teine-dealain	*tchannuh jallañ*
electric kettle	coire-dealain	*corre jallañ*
fridge/freezer	frids/reòthadair	*fridge/rawuddar*
heater	teothadair	*tchawuddar*
iron	iarann	*ee·urrun*
lamp	làmpa	*la·oompuh*
light	solas	*sollus*
lantern	lòchran	*lawchurran*
mixer	measgadair	*messkuddar*
microwave oven	àmhainn nam mion-ghathan	*ahveen num min gha·hun*
mobile phone	fòn làimhe	*foen lah·eevuh*
(CD/DVD) player	cluicheadair (CD/DVD)	*klooch·yuddar (CD/DVD)*
printer	clò-bhuaileadair	*klaw voouh·luddar*
radio	rèidio	*redio*
tape/cassette	teip/cèiseag	*tape/cae shack*
television	telebhisean	*televishan*
...wide-screen	...sgrìon-fharsaing	*...screen ahrseeng*
washing machine	inneal nigheadaireachd	*eenyal nyeedarochk*

5 (iv) Food

(See also pp. 55–56)

(the) butcher	(am) buidsear	(um) bootchar
meat (the meat)	feòil (an fheòil)	*f·yawl (un yawl)*
for stewing	airson bruich	*irson breech*
for roasting	airson ròstadh	*irson rawsţugh*
for frying	airson praighigeadh	*irson pry·ickugh*
beef	mairtfheòil	*marsht yawl*
black pudding	marag dhubh	*marrack ghoo*
boned	gun chnàimh	*goon chrehv*
haunch/gigot	sliasaid	*shlee·usseetch*
haggis	tagais	*ţageesh*
kidneys	dubhagan	*ḏoowackun*
lamb	uan	*oo·an*
leg (of pork)	cas (muic)	*cass (moe·eechk)*
liver	adh/grùthan	*ah/groo·an*
mince	feòil phronn	*f·yawl fruh·ooṉ*
mutton	feòil-caorach	*f·yawl keuroch*
pork	muicfheòil	*moe·eechk yawl*
rolled	air a roiligeadh	*irruh rollickugh*
sausage(s)	isbean(an)	*eeshban(un)*
steak	stèic	*stehk*
suet/fat	geir	*girr*
suet pudding	marag gheal	*marrack yaḻ*
venison	sitheann	*sheehuṉ*

dairy	taigh bainne	*ţuh·ee banyuh*
butter	ìm	*eem*
cheese	càise	*cah·shuh*
cream	bàrr/uachdar	*bahr/oo·uchkur*
crowdie (cottage cheese)	gruth	*groo*
eggs	uighean	*oo·yun*
milk	bainne	*ban·yuh (or bon·yuh)*

(the) fish	(an t-)iasg	*(untch)ee·usk*

(See also p. 37)

salted	saillte	*sa·eeltchuh*
smoked	air a cheòthadh	*irruh ch·yawugh*
cleaned	air a ghlanadh	*irruh ghḻannugh*

89

filletted	gun chnàimh	*goon chrehv*
gutted	air a sgoltadh	*irruh skoeltugh*
dressed (with crumbs)	le criomagan	*leh crimmackun*
(salted) herring	sgadan (saillte)	*skattan (sa·eeltchuh)*
(fish) roe	iuchair (èisg)	*yoochar (aeshk)*
skate	sgait	*sketch*
sole	lèabag	*l·yee·aback*

fruit and vegetables

(See also pp. 55–56, 57)

fruit	toradh/measan	*torrugh/messun*
vegetables	glasraich	*glasraich*
ripe	abaich	*abbeech*
rotten	grod/loibht'	*grot/luh·eetch*
apple(s)	ubhal (ùbhlan)	*oo·ull (oo·lun)*
cabbage	càl	*kahl*
carrot(s)	curran(an)	*kooran(un)*
cauliflower	colag	*kollack*
cherry (-ies)	siris(ean)	*sheereesh(un)*
onion(s)	uinnean(an)	*oonyan(un)*
orange(s)	orainnsear(an)	*oranshar(un)*
peas	peasair	*pessir*
potato/potatoes	buntàta	*boontahtuh*
plum/s	plumbais	*ploombeesh*
pear(s)	peur(an)	*paer(un)*
rhubarb	rùbrub	*roebroob*
strawberries	sùbhagan-làir	*soowackun lahr*
turnip	snèip	*snehp*

general provisions/supermarket

(the) food	(am) biadh	*(um) bee·ugh*
a bag (of sugar)	baga/ poca (siùcair)	*bagguh / pochkuh (shoochkar)*
a box /carton	bogsa	*boxuh*
a jar (of jam)	crogan (silidh)	*crockan (sheely)*
a packet (of tea)	pacaid (teatha)	*pach·catch (tee)*
a tin	tiona	*tinnuh*
bacon	hama	*hammuh*
beans	pònair	*pawnur*
biscuits	briosgaidean	*briskatchun*

bread	aran	*arran*
bread rolls	roilichean	*rol·eech·yun*
coffee	cofaidh	*coffee*
cold meat	feòil fhuar	*f·yawl oo·ur*
eggs	uighean	*oo·yun*
fat	geir	*girr*
flour	(min)flùr	*(min)floor*
jam/jelly	silidh	*sheely*
kitchen paper	pàipear chidsin	*peh·par cheetcheen*
oatmeal	min-choirc	*min chork*
oil (olive oil)	ola (ola chruinn-ola)	*olluh (olluh chrin yolluh)*
pepper	piopar	*pippar*
salt	salann	*salun*
sauce	sùgh/sòs	*soo/sauce*
sugar	siùcar	*shoochkar*
caster sugar	siùcar mìn	*shoochkar meen*
sweets	suiteas/siùcairean	*soo·eetas/shooch·carrun*
tea	tea	*tea*
tea bags	pocannan tea	*pochkunnun tea*
toilet paper	pàipear suathaidh	*peh·par soo·uh·hee*

P

5 (v) Household linen and needlework

bedcover/quilt	cuibhrig/tuilta	*cuh·eereek/twiltuh*
blanket(s)	plaide(achan)	*pla·juh (pla·jochun)*
cloth(s)	clobhd(an)	*cloud(un)*
cloth (material)	aodach	*eu·doch*
curtain(s)	cùrtair(ean)	*coershtar(un)*
cushion(s)	cuisean(an)	*cooshan(un)*
cushion cover	cèis-chuisean	*caesh chooshan*
dishtowel	tubhailt-shoithichean	*too·altch heh·eech·yun*
embroidery	obair-ghrèis	*oebir ghraesh*
knitting	fighe	*fee·uh*
[knitting] needle(s)	bior(an)	*bir(un)*
[sewing] needle(s)	snàthad(an)	*sna·hut(un)*
pillowcase	cèis-chluasaig	*caesh chloe·ussack*
pin(s)	prìne(eachan)	*preenuh (preenochun)*
sewing	fuaigheal	*foo·ul*
sheet(s)	anart(an)	*annurt(un)*
tablecloth	tubhailt bùird	*too·altch boorj*
thimble	meuran	*mee·arran*

thread	snàilean	*sna·lan*
a reel of thread	piurna snàilean	*p·yurnuh sna·lan*
towel(s)	searbhadair(ean)	*shara·uddar(un)*
wool	snàth	*snah*
a ball of wool	cnocan/ceirsle	*croch·can/kirshlih*

5 (vi) Tools and DIY (Ironmonger)

awl	minidh	*meenee*
axe	tuagh/làmhadh	*too·ugh/lahvugh*
blade	lann	*la·oon*
brush	bruis/sguab	*broosh/skoo·ub*
paintbrush	bruis-peantaidh	*broosh pentee*
bucket	peile/cuman	*pailuh/cooman*
chisel	gilb	*g·eeleeb*
(electric) drill	drile/toradh (dealain)	*drilluh/torrugh (jallañ)*
fork [garden]	gràp	*grahp*
fuel	connadh	*coenugh*
coal	gual	*goe·ul*
gas	gas	*gas*
oil/petrol	ola/peatrail	*olluh/petral*
peat	mòine	*mawn·yuh*
wood	fiodha	*fighuh*
hammer	òrd	*awrd*
handle	làmh/cas	*lahv/kass*
hook	dubhan	*doo·an*
hoe	tobha	*toe·uh*
hose [water-pipe]	pìob-uisge	*peeb ooshk·yuh*
knife	sgian	*skee·un*
ladder	(f)àradh	*(f)ahrugh*
lid	ceann	*c·ya·oon*
measuring tape	sreang tomhais	*streng taweesh*
nail(s)	tarrang (tàirgnean)	*tarung (tarn·yun)*
paint	peant	*pent*
plane	locair	*loch·kir*
pliers	durcais	*doorkish*
rake	ràcan	*rah·chkan*
rope	ròpa	*rawpuh*
saw	sàbh	*sahv*
screw	sgriutha	*scroo·uh*
screwdriver	sgriuthaire	*scroo·arruh*

seeds	sìol	shee·u_l_l_
shears	deamhais	jevish
spade/shovel	spaid/sluasaid	spatch/s_l_oe·ussitch
vice	gramaiche/greimiche	grameech·yuh
wheel(s)	cuibheall (cuibhleachan)	cuh·yu_l_l (cuh·eelochun)
yardstick/measuring stick	slat-tomhais	s_l_aht _t_aweesh

5 (vii) Jeweller — **seudair** — *shae_d_ar*

jewellery	seudaireachd	shae_d_arrochk
beads	grìogagan	greegackun
(a string of beads)	paidirean	pajirrin
bracelet	làmh-fhailean	_l_ahv alla_n_
brooch	bràiste	brahsh·tchuh
chain	slabhraidh	s_l_a·ooree
clock	gleoc	glochk
alarm clock	gleoc-dùsgaidh	glochk _d_ooskee
diamond	daoimean	_d_uh·eeman
earring	failbheachan(an)/ fàinne(achan)-cluais	falavochan(un)/ fahnyochun-cloe·ush
earring pendant	crochag(an)	crochack(un)
emerald	smàrag	smahrack
engraving	snaidheadaireachd	sna.yi_tt_urochk
gold (golden)	òr (òir)	awr (awir)
jet [black stone]	finiche	feenech·yih
jewel(s)	seud(an)	shae_d_(un)
necklace	seud-muineil	shaed moonnyel
pearl(s)	neamhnaid(ean)	n·ya·oonitch(un)
pin	prìne	preenuh
ring(s)	fàinne(achan)	fahn·yuh (fahn·yochun)
ruby	rùban	rooban
sapphire	leug ghorm	l·yaeg ghorrom
silver (of silver)	airgead (airgid)	arrag·yut (arrag·eetch)
watch(es)	uaireadair(ean)	oo·urru_d_ar(un)

5 (viii) Stationery/books, etc.

bag(s)	baga(bagaichean)	bagguh (bag·eech·yun)
briefcase	màileid	mah·latch
book(s)	leabhar (leabhraichean)	l·yawur (l·yawreech·yun)

93

card(s)	cairt(ean)	*carsht(un)*
chocolate(s)	teòclaid(ean)	*tchawch·klatch(un)*
cigarettes	toitean	*totchun*
envelopes	cèisean	*caeshun*
glue	glaodh	*gleu*
ink	ince	*eenk·yuh*
lighter	lasadair	*lassuddar*
magazine/pamphlet	leabhran/iris	*l·yawran / eereesh*
matches	maitseachan	*matchochun*
paper(s)	pàipear(an)	*peh·par(un)*
newspaper	pàipear-naidheachd	*peh·par neh·ochk*
parcel	parsail	*parsal*
pen	peann	*p·ya·oon*
pencil	peansail	*pencil*
pipe (smoking)	pìob (smocadh)	*peeb (smochkugh)*
postcard	cairt-phostail	*cahrsht fostal*
record(s) [discs]	clàr(an)	*clahr(un)*
rubber	sgrìobadair/rubair	*skreebuddar / roobar*
ruler	slat-tomhais/rùilear	*slat taweesh/ roolar*
scissors	siosar	*shissar*
stamp(s)	stamp(aichean)	*stamp (eech·yun)*
straws	sràbhan	*strahvun*
string	sreang	*streugh*
sweets	siùcairean / suiteas	*shooch·karrun / sooy·tiss*
tape	teip	*tape*
... cassette	... cèiseag	*... cae·shack*
tobacco	tombac	*tombachk*
toy(s)	cleas(an)	*cless(un)*
writing paper	pàipear-sgrìobhaidh	*peh·par skreevee*

Occupations: Jobs and Work

(For domestic work, see pp. 110–12)

What's your job?	Dè 'n obair a th' agad?	*jaen oebir uh haghut?*
What does she do?	Dè bhios i 'dèanamh?	*jae viss ee jee·annuv?*
What trade is he in?	Dè 'cheàird ris a bheil e?	*jae chyarj reesh uh vil eh?*
What work does he do?	Dè 'n obair a th' aige?	*jaen oebir uh hegg·yuh?*
I am a doctor	'S e dotair a th' annam *or* Tha mi 'nam dhotair	*sheh dochtar uh hannum/ ha mee nam ghochtar*
He is a joiner	'S e saor a th' ann *or* Tha e 'na shaor	*sheh seur uh ha·oon /ha eh na heur*
She is a nurse	'S e banaltram a th' innte *or* Tha i 'na banaltram	*sheh banaltrum uh heentch/ ha ee na banaltrum*

anns (in) + mo (my)	= 'nam	anns(in) + mi (me)	= annam
+ do (your)	= 'nad	+ thu (you)	= annad
a (his)	= 'na	e (him)	= ann
a (her)	= 'na	i (her)	= innte
ar (our)	= 'nar	sinn (us)	= annainn
bhur (your)	= 'nur	sibh (you)	= annaibh
an/am (their)	= 'nan/'nam	iad (them)	= annta

(Note that as with *mo, do & a* (his), 'nam, 'nad & 'na **aspirate** the first letter of the following word)

accountant	fear cunntais	*ferr coonteesh*
architect	ailtear	*altcher*
bookmaker	geallaiche	*g·yaleech·yuh*
builder	fear-togail	*ferr toekal*
clerk	clèireach*	*claeroch*
conservationist	neach-glèidhidh	*n·yach glae·yee*
dentist	fiaclair	*fee·uchklar*
doctor	dotair/lighiche	*dochtar/l·yee·eech·yuh*
driver	draibhear	*druh·eevar*
engineer	innleadair	*eenluddar*
farmer *(see also pp. 34–35)*	tuathanach	*too·uhannoch*
fireman	fear-smàlaidh	*ferr smahlee*
fisherman	iasgair	*ee·usskar*
(IT) worker	neach-obrach (teicneòlar fiosrachaidh)	*n·yach obroch (techn·yawlass fissrochee)*
joiner	saor	*seur*
lawyer	fear-lagha*	*ferr leughuh*
mason/brick-layer	clachaire	*clachirruh*
milkman/(lady)	fear/(tè) a' bhainne	*ferr /(tchae) uh van·yuh*
minister *(see also pp. 64–65)*	ministear	*meeneeshtchar*
nurse	banaltram/niorsa	*banaltrum/nursuh*
painter	peantair	*pentar*
plumber	plumair	*ploomar*
policeman	poileas*	*polluss*
politician	neach-politigs	*n·yach poilitigs*
postman	post	*posst*
priest *(see also pp. 64–65)*	sagart	*saggurt*
sailor	seòladair/maraiche	*shawluddar/ mareech·yuh*
salesman	fear-reic	*ferr raechk*
scholar *(see also pp. 107–08)*	sgoilear*	*skollar*
secretary	rùnaire*	*roownarruh*
shopkeeper	fear-bùtha	*ferr boo·huh*
soldier	saighdear	*suh·eejar*
student *(see also pp. 107–08)*	oileanach*	*olannoch·yuh*
tailor	tàillear	*tahl·yar*
teacher	tidsear/maighstear-sgoile	*teetchar/mashtcher skolluh*
translator	eadar-theangaiche	*eddur heng·geechyih*
vet	lighiche-sprèidh	*l·yee·eech·yih sprae*
weaver	figheadair	*fee·uddar*

* Note: Where female workers are concerned, words can be prefixed by 'ban' (female) e.g. ban-chlèireach, ban-lagha, ban-rìgh (queen). Those commonly heard are marked with an asterisk. Likewise, when the plural is required, the word may be prefixed by 'luchd' (people), e.g.:

directors	luchd-stiùiridh	*loochk stchooree*
firemen	luchd-smàlaidh	*loochk smahlee*
learners	luchd-ionnsachaidh	*loochk yoonsochee*
tourists	luchd-turais	*loochk tooreesh*
workers	luchd-obrach	*loochk oebroch*

Where do you work?	Càit a bheil thu 'g obair?	*kahtch uh vil oo goebir?*
What's his job?	Dè 'n obair a th' aige?	*jaen oebir uh heck·yih*
She works in a shop	Tha i 'g obair ann am bùth	*ha ee goebir annum boo*
I work in a factory	Tha mi 'g obair ann am factaraidh	*ha mee goebir annum factary*
He/she works ...	The e/i 'g obair ...	*Ha eh/ ee goebir ...*
in the bank	anns a' bhanc	*unsuh vank*
on the buses	air na busaichean	*ir nuh buseech·yin*
in a (call) [sports] centre	ann an ionad (fònaidh) [spòrs]	*unnun yinnut (foenee) [spawrs]*
at the council	aig a' chomhairle	*eck yih chaw·irrlyih*
with computers	le coimpiutairean	*leh computarrin*
in the hospital	anns an ospadal	*unsun ospuddull*
in a hotel	ann an taigh-òst'	*unnun tuh·ee awst*
for the media	sna meadhanan	*snuh mee·annun*
on an oil rig	air beart ola	*ir b·yarsht ola*
in an office	ann an oifis	*unnun offeesh*
for Parliament	airson na Pàrlamaid	*irrson nuh parlummmatch*
in the post office	anns a' phost oifis	*unsuh fost offeesh*
on radio	air an rèidio	*irrun redio*
on the roads	air na rathaidean	*ir nuh ra·eetchun*
in a shop	ann am bùth	*annum boo*
for the town	airson a' bhaile	*irson uh valuh*
in the works	anns na h-oibrichean	*uns nuh hoebreech·yun*
in the yards	anns na gàrraidhean	*uns nuh gahreeyun*
full-time/part-time	làn-ùine/pàirt-ùine	*lahn oonyuh/pahrsht oonyuh*
He's at sea	Tha e aig muir	*ha eh eck moor*
He builds houses	Bidh e 'togail thaighean	*bee eh toekal heh·un*
He works at the forestry	Tha e ri obair na coille	*ha eh ree oebir nuh killyuh*
She's in the army	Tha i anns an arm	*ha ee unsun arram*

Q

Where will I find someone who will (work in the garden)?	Càit an lorg mi duine a bhios (ag obair anns a' ghàrradh)?	*kahtch un lorrock mee doonyuh uh viss (uggoebir unsuhghahrugh)?*
Is there a cobbler in town?	A bheil greusaiche anns a' bhaile?	*uh vil gree·asseech·yuh unsuh valuh?*
How are you enjoying the new job?	Ciamar a tha 'n obair ùr a' còrdadh riut?	*kimmer uh han oebir oor uh kawrdugh root?*
... Fine	... Tha glè mhath	*... ha glae va*
I like my work	'S toil leam m' obair	*stol loom moebir*
She does a lot of travelling/reading/writing/sitting	Tha i 'dèanamh mòran siubhail/leughadh/sgrìobhadh/suidhe	*ha ee jannuv moeran shoo·ul/l·yaevugh/skreevugh/sooyuh*
A car goes with the job	Tha càr an lùib na h-obrach	*ha cahr un luh·eeb nuh hoebroch*
What sort of pay do you earn?	Dè seòrsa pàigheadh a tha thu 'cosnadh?	*jae shawrsuh pah·ugh uh ha oo cossnugh?*
a good wage	tuarasdal math	*too·urrusdull ma*
Is there much responsibility involved in that job?	A bheil mòran uallaich an lùib na h-obrach sin?	*uh vil moeran oe·ulleech un luh·eeb nuh hoebroch shin?*
Who's in charge of the office?	Cò tha an ceann na h-oifis?	*coe ha ung k·ya·oon nuh hoffeesh?*
What holidays do you get?	Dè na làithean saora a tha thu 'faighinn?	*jae nuh lah·yen seuruh uh ha oo fa·yeeñ?*
Four weeks a year	ceithir seachdainean sa bhliadhna	*cae·hir shachkeen·yun suh vlee·unnuh*
I get a day off now and again	Bidh mi 'faighinn là dheth an-dràst 's a-rithist	*bee mee fa·yeeñ lah yeh un drahst suh ree·eeshtch*
He's looking for a job (for himself)	Tha e lorg obair (dha fhèin)	*ha eh lorrock oebir (ghah haen)*
She is out of work	Chan eil obair aice	*chan yil oebir echk·yuh*
He lost his job	Chaill e an obair aige	*cha·eel yeh un oebir egg·yuh*
She left her job	Dh'fhàg i an obair aice	*ghah·ck ee un oebir echk·yuh*
The workforce are on strike	Tha'n luchd-obrach air stailc	*hahn loochk oebroch ir sta·lk*
They complain they don't get enough money	Tha iad a' gearan nach eil iad a' faighinn airgid gu leòr	*haht ugg·yerran nach il at uh fa·yeeñ arrageetch goo l·yawr*

They want a rise in pay	Tha iad ag iarraidh àrdachadh pàigheadh	*ha ad ugee·urry ahrdochugh pah·ugh*
The factory has shut down	Tha am factaraidh air a dhùnadh sìos	*hahm factary irruh ghoonugh shee·uss*
Haven't they settled it yet?	Nach do shocraich iad e fhathast?	*nach ḏaw hochkreech aṯ eh hah·asṯ?*
No. They couldn't reach an agreement	Cha do shocraich. Cha tàinig iad gu rèiteach idir	*cha ḏaw hochkreech·cha ḏahneek aṯ goo reh·tchoch ee·jir*
He has retired	Leig e dheth a dhreuchd	*leek eh yeh huh ghree·achk*

Q

Personal and Family Names

What's his name?	Dè 'n t-ainm a th' air?	*jaen ṯannam uh hir?*
He's called (James)	'S e (Seumas) a th' air	*sheh (Shaemuss) uh hir*
Do you know a man called ...?	An aithne dhut duine dhen ainm ...?	*un ann·yuh ghooṯ ḏoon·yuh yen annam ...?*
Yes/No	'S aithne/Chan aithne	*sann·yuh/chan ann·yuh*
He's called after his father	Tha e air ainmeachadh air athair	*ha eh ir annamochugh ir ahar*
What's her surname?	Dè 'n sloinneadh a th' oirre?	*jaen sḻun·yugh uh horruh?*

First names
Female

Agnes, Jessie	Seiseag	*shessack*
Ann	Anna	*Anna*
Barbara	Baraball	*ba·ra·buḻ*
Becky, Rebecca	Beathag	*beh·hack*
Catherine	Catrìona	*caṯree·unna*
Christine, Kirsty	Cairistìona	*carsh·tchee·unna*
Deirdre	Deirdre	*jee·urḏruh*
Dolina, Donalda	Doileag	*dollack*
Dorothy	Diorbhail	*jirrivil*
Effie	Oighrig	*eu·eereeck*
Elizabeth	Ealasaid	*yaḻḻusatch*
Flora	Flòraidh/Fionnghal	*flawree/f·yoonughal*
Gormelia	Gormal	*gorromuḻḻ*
Helen, Ellen	Eilidh	*aelee*
Isobel	Iseabal	*eeshabal*
Jane, Jean	Sìne	*sheenuh*
Janet	Seònaid	*shawnatch*
Joan, Shona	Seonag	*shonnack*
Julia, Celia	Sìleas	*sheeluss*
Margaret	Mairead	*ma·eeraṯ*
Marjory	Marsaili	*marsally*
Marion, Sarah	Mòrag	*mawrack*

Mary (Maryann)	Màiri (MairiAnna)	*mah·ree (mahree anna)*
Molly, May	Maili	*ma·lee*
Murdina	Murdag	*murdack*
Peggy (Margaret)	Peigi	*paeg·ee*
Rachel	Raonaid	*reuneetch*
Susan	Siùsaidh	*shoo·see*
Winnifred	Ùna	*oona*

Male

Alexander	Alasdair/Alastair	*allustir*
Andrew	Anndra	*a·oondra*
Angus, Innes	Aonghas	*eun·eu·uss*
Archibald	Gilleasbaig	*g·eel·yespick*
Arthur	Artair	*ahrshtar*
Aulay	Amhlaidh	*a·oola·ee*
Charles	Teàrlach	*tcharloch*
Colin	Cailean	*callan*
David	Daibhidh	*da·eevee*
Donald, Daniel	Dòmhnall	*daw·ull*
Dougal	Dùghall	*doo·ull*
Douglas	Dùghlas	*dooghlass*
Duncan	Donnchadh	*doenochugh*
Edward	Eideard	*ae·jard*
Ewan, Owen	Eòghann	*yoe·wun*
Farquhar	Fearchar	*ferrachar*
Fergus	Fearghas	*ferraghuss*
Finlay, Philip	Fionnlagh, Filip	*f·yoonlagh, feeleep*
Frank, Francis	Frang	*frang·g*
George	Seòras	*shawruss*
Gilbert	Gilbeart, Gillebrìde	*gillibert, geel·yuh breejuh*
Gordon	Gòrdan	*gordan*
Hector	Eachann	*echunn*
Hugh	Ùisdean	*oosh·jan*
Ivor	Iomhair	*ee·uvvar*
James	Seumas	*shaemuss*
John	Iain, Seonaidh	*ee·añ, shonnee*
Jonathan	Eòin	*yawñ*
Joseph	Iòsaph	*yawsuf*
Kenneth	Coinneach	*coen·yoch*
Lachlan	Lachlann	*lachlunn*
Malcolm	Calum	*callum*

Martin	Màrtainn	*mahrshteeñ*
Michael	Mìcheal	*meech·yal*
Murdo	Murchadh	*moorochugh*
Neil	Niall	*n·yee·ull*
Norman	Tormod	*torromot*
Patrick	Pàdraig	*pahdreek*
Paul	Pòl	*pawl*
Peter	Peadair/Pàdraig	*peddur/pahdreek*
Robert	Raibeart	*rabburt*
Roderick, Derick	Ruairidh	*roe·urree*
Ronald	Raghnall	*reu·ull*
Thomas	Tòmas	*toe·mass*
Torquil	Torcull	*torkull*
William	Uilleam	*ool·yam*
Zachary	Sgàire	*skah.ruh*

Note that when calling directly to a person, the pronunciation of the name changes slightly: e.g.

Jean!	a Shìne!	*uh heenuh*	James!	*a Sheumais!* *uh haemeesh*
Mary!	a Mhàiri!	*uh vahree*	Kenneth!	*a Choinnich!* *uh choen·yeech*
Joan!	a Sheonag!	*uh h·yonnack*	Neil!	*a Nèill! uh neh·eel*

Surnames (a selection)

Black/Dow	Mac'Ille Dhuibh	*machk eel·yuh ghoo·ee*
Buchanan	Bochanan	*bochannan*
Cameron	Camshron	*cammaron*
Campbell	Caimbeul	*ca·eembal*
Chisholm	Siosal	*shissal*
Fraser	Friseal	*freeshal*
Gillies	Mac'ill Iosa	*machk eel yee·ussuh*
Gordon	Gòrdan	*gawrdan*
Graham	Greumach	*grae·ammoch*
Grant	Grannd	*gra·oond*
Henderson	MacEanraig	*machk ee·anreek*
Kennedy	Ceanadach	*kennaddoch*
Johnson/Johnstone	MacIain	*machk ee·añ*
MacArthur	MacArtair	*machk ahrshtar*
MacAulay	MacAmhlaidh	*machk a·oola·ee*

MacDonald	MacDhòmhnaill, Dòmhnallach	*machk ghaweel, dawnalloch*
MacDougall	MacDhùghaill	*machk ghoo·eel*
MacEwan, McKeown	MacEòghainn	*machk yoe·eeñ*
MacGregor	MacGriogair	*machk griggor*
MacInnes	MacAonghais	*machk eun·eu·eesh*
MacIntyre	Mac an t-Saoir	*machk un teur*
MacIntosh	Mac an Tòisich	*machk un tawsheech*
MacKay, McKee, McCooey	MacAoidh	*machk eu·ee*
MacKenzie	MacCoinnich	*machk coen·yeech*
MacLean	Mac'lll Eathainn	*machk eel yeh·heeñ*
MacLellan	MacIllFhaolain/Fhialain	*machk eel yeel·yen*
MacLeod	MacLeòid	*machk law·j*
MacLennan	MacIllFhinnein/Illein	*machk eel yeen·yen*
MacMillan	Mac a' Mhaoilein	*machk uh veulañ*
MacNab	Mac an Aba	*machk un abbuh*
MacNeil(l)	MacNèill/MacNìll	*machk neh·eel*
MacPhee	Mac a' Phì	*machk uh fee*
MacPherson	Mac a' Phearsain	*machk uh fersan*
MacRae	MacRath	*machk ra*
MacTaggart	Mac an t-Sagairt	*machk un taggurt*
Matheson	MacMhathain	*machk vaheeñ*
Morrison	Moireasdan	*morrusdan*
Munro	Rothach	*raw·hoch*
Murray	Moireach	*murroch*
Nicolson	MacNeacail	*machk nechkal*
Robertson	MacDhonnchaidh/Robasdan	*machk ghoonochee*
Ross, Rose	Ros/Rosach	*ross/rossoch*
Smith	Mac a' Ghobhainn	*machk uh ghoe·eeñ*
Stuart/Stewart	Stiùbhart	*sh·tchoe·urt*
Thomson	MacThòmais	*machk hoemash*
Urquhart	Urchardan	*ooroochurdan*
Whyte/Bain	Mac'Ille Bhàin	*machk eel·yuh vahñ*

Note: 'Mac' means 'son of'. The female equivalent is 'Nic' – 'daughter of'.

Clan crest slogans

Slogan	*Pronunciation*	*Meaning*
Aonaibh ri chèile	euniv ree ch·yaeluh	*Unite together*
Buaidh no Bàs	boo·uh·ee no bahss	*Victory or death*
Creag Ealachaidh	crick yellochee	*Rock of (armour?)*
Creag an Tuirc	crick un toork	*Rock of the boar*

Cuidich an Rìgh	coo·jeech un ree	*Help the King*
Dìleas gu Bàs	jeeluss goo bahss	*Faithful till death*
Is rìoghail mo dhream	iss reeghal mo ghra·oom	*Royal are my people*
Air muir 's air tìr	ir moor sirr tcheer	*On land and sea*
An t-arm breac dearg	un tarram brechk jarrack	*The red-tartaned army*

General patriotic slogans

| An Cìrean Ceanncinnidh | ung keeran k·ya·oon keen·yee | *?(in) the crest of a clan chief* |
| Cìrean a' Chinncinnidh | keeran uh ch·yeeñ keenyee | *The clan chief's crest* |

Alba gu bràth	alabbuh goo brah·ch	*Scotland for ever*
Ar Cànain 's ar Ceòl	ar kahnañ sar k·yawl	*Our language and our music*
Ceartas! Saorsa!	k·yarshtuss! seur·suh!	*Justice! Freedom!*
Clanna nan Gaidheal ri guaillibh a chèile	clannuh nung ga·yull ree goo·ullyiv uh ch·yaeluh	*Children (clans) of the Gaels shoulder to shoulder*
Cùm Gàidhlig Beò	koom ga·leek b·yaw	*Keep Gaelic Alive*
Suas (le) Alba	soo·uss (leh) alabbuh	*Up (with) Scotland*
Suas leis a' Ghàidhlig	soo·uss lish uh gha·leek	*Up with Gaelic*
Tir nam Beann (Àrd)	tcheer num b·ya·oon (ahrd)	*Land of the (High) Mountains*
Gràs Dhè 'n Rìgh	grahs yaen ree	*God Save the King*
Gràs Dhè 'n Bhànrigh	grahs yaen va·ooree	*God Save the Queen*

The Domestic Scene

The house

front door	doras toisich	_doras tosheech_
back door	doras cùil	_doruss cool_
kitchen	an cidsin	_ung keetcheen_
room(s)	rùm(annan)	_roowm (roemunnun)_

(See also p. 48)

Where are you?	Càit a bheil thu?	_kahtch uh vil oo?_
in the kitchen	anns a' chidsin	_assuh cheetcheen_
next door	an ath-dhoras	_un A ghorruss_
Where is ... ?	Càit a bheil ... ?	_kahtch uh vil ... ?_
on the table	air a' bhòrd	_irruh vawrd_
by the bed	ri taobh na leapa	_ree teuv nuh l·yep_
at the window	aig an uinneig	_eck un oon·yeck_
in the cupboard	anns a' phreas	_unsuh fress_
wall/walls	balla/ballaichean	_baluh/baleech·yun_
corner	oisean	_oshan_
the door/the doors	an doras/na dorsan	_un dorruss/nuh dorsun_
the window(s)	an uinneag (na h-uinneagan)	_un oon·yack (nuh hoon·yackun)_
the floor	an làr	_un lahr_
the roof	am mullach	_um mooloch_
the light(s)	an solas (na solais)	_un solluss (nuh solleesh_
the fire (fireplace)	an teine (teinntean)	_un tchannuh (tcha·eentchan)_
the bed	an leabaidh	_un l·yehbee_
the chair	an seathar	_un shae·urr_
the chest	a' chiste	_uh cheesh·tchuh_
the cupboard	am preas	_um press_
the drawer	an drathair	_un dra·ir_
the dresser/sideboard	an dreasair	_un dressar_
furniture	àirneis	_ahrneesh_
the handle	an làmh	_un lahv_
the lock	a' ghlas	_uh ghlass_

the mirror	an sgàthan	*un skah·han*
the picture(s)	an dealbh (na dealbhan)	*un ja̱l̰lav (nuh ja̱l̰lavun)*
the settee	an sòpha	*un saw·fa*
the shelf	an sgeilp	*un skillip*
the table(s)	am bòrd (na bùird)	*um bawrd (nuh boer·j)*

(See also Section P, Shopping, p. 75, for other items)

the garage	an garaids	*ung garratch*
the garden	an gàrradh	*ung gah·rugh*
the gate	an geata	*ung gettuh*
the shed	an seada	*un shedduh*
the garden-plot	an leas	*un l·yess*

The family

the family	an teaghlach	*un tcheuloch*
son/daughter	mac/nighean	*machk/n·yee·unn*
brother/sister	bràthair/piuthar	*brah·har/p·yoo·urr*
father/mother	athair/màthair	*a·har/mah·har*
husband/wife	duine/bean	*d̲oon·yuh/ben*
partner/spouse	cèile	*k·yaeluh*
grandfather/grandmother	seanair/seanmhair	*shennar/shennavar*
grandchild	ogha	*awuh*
cousin	co-ogha	*koe owuh*
brother-in-law	bràthair-cèile	*brah·har ch·yaeluh*
mother-in-law	màthair-chèile	*mah·har ch·yaeluh*
aunt [my mother's sister]	piuthar mo mhàthar	*p·yoo·urr mo vah·har*
uncle [my father's brother]	bràthair m'athar	*brah·har ma·har*
widow *or* widower	bàntrach	*ba·oont̲roch*
stepmother, stepfather	muime, oide	*mimmuh, eu·juh*
peer, contemporary	co-aois	*coe eush*

(For domestic pets, see pp. 34–35)

Are you related?	A bheil sibh càirdeach do chèile?	*uh vil shiv cahr-joch d̲uh ch·yaeluh?*
We are cousins	Tha sinn anns na h-oghaichean	*ha sheeñ unsnuh haweech·yin*
How many are in the family?	Co mheud a tha san teaghlach?	*coe vee·ut̲ uh ha sun tcheu·loch?*
How many children have you?	Co mheud leanabh a th'agaibh?	*coe vee·ut̲ l·yenniv uh hackuv?*
Two/three	Tha dithis/triùir	*ha jee·heesh/t̲roor*
What ages are they?	Dè 'n aois a tha iad?	*jaen̲ eush uh ha at̲?*

John is 5½, Mary is 7	Tha Iain còig gu leth, tha Màiri seachd	*ha ee·añ coe·ick goo l·yeh, ha mah·ree shachk*
Who is the older/oldest?	Cò as sine? Cò as aosta?	*coe iss shinnuh? coe uss eu·stuh?*
John is the biggest	'S e Iain as motha	*sheh ee·an yiss mawuh*
I am younger than him	Tha mise nas òige na esan	*ha meeshuh nuss awg·yuh na essun*
older (oldest)	nas sine (as sine)	*nuss shinnuh (uss shinnuh)*
younger (youngest)	nas òige (as òige)	*nuss awg·yuh (uss awg·yuh)*
bigger (biggest)	nas motha (as motha)	*nuss mawuh (uss mawuh)*
smaller (smallest)	nas lugha (as lugha)	*nuss leu·uh (uss leu·uh)*
taller (tallest)	nas àirde (as àirde)	*nuss ahr·juh (uss ahr·juh)*
My oldest brother	Am bràthair as sine agam	*um brah·har uss shinnuh ackum*
You're almost as big as your sister	Tha thu gu bhith cho mòr ri do phiuthair	*ha oo goo vee choe moer ree daw fee·oour*
Aren't you getting big!	Nach tu tha 'fàs mòr!	*nach doo ha fahss moer!*
They are very alike	Tha iad glè choltach ri chèile	*ha at glae choltoch ree ch·yaeluh*
She is like you	Tha i coltach riut-sa	*ha ee coltoch root suh*
Are you married?	A bheil sibh pòsd'?	*uh vil shiv pawst?*
We are engaged	Tha sinn fo ghealladh pòsaidh	*ha sheeñ fo yallugh pawsee*
Have you fixed a date for the wedding?	An do shuidhich sibh air là airson na bainnse?	*Un daw hoo·yeech shiv ir lah irson nuh ba·eenshuh?*

Schooling and education

(See also pp. 114–15 for Talking with Children)

Types of school and curriculum

school/college/university	sgoil/colaiste/oilthigh	*skol/collashtch/ol huh·ee*
primary school	sgoil bheag *or* bunsgoil	*skol vick (boon skol)*
secondary school	sgoil mhòr *or* àrd-sgoil	*skol voer (ahrd skol)*
a Gaelic-medium school	sgoil meadhan na Gàidhlig	*skol mee·an nuh gah·leek*
education/subject	foghlam/cuspair	*feu·lum/coo·spar*
teach, teaching	teagaisg, a' teagasg	*tchickeeshk, uh tchickusk*
learn/learning	ionnsaich, ag ionnsachadh	*yoon·seech, ug yoonsochugh*
scholar/student	sgoilear/oileanach	*skolar/olannoch*
teacher/schoolmaster	tidsear/maighstir-sgoile	*teetchar/mesh·tcher skolluh*

reading/writing	leughadh/sgrìobhadh	*l·yaevugh/skreevugh*
arithmetic/mathematics	cunntadh/matamataig	*coentugh/ matumatick*
history/geography	eachdraidh/cruinn-eòlas	*ech·tree/krin yawluss*
languages/French	cànainean/Fraingis	*cahn·annyun/ frang·geesh*
art/science	dealbhachd/ealain (saidheans)	*jallavochk/ellaghan (sa·yenss)*
handiwork/cookery	obair-làimhe/còcaireachd	*oebir lah·eevuh/ cawkirochk*
exercise/gymnastics	eacarsaich/lùth-chleasan	*echkurseech/loe chlessin*
lunch time/playtime	àm dìnnearach/àm pleadha	*a·oom jeenyeroch/a·oom pleh·uh*
When do you start college?	Cuine bhios tu 'dol don cholaiste?	*coon·yuh viss doo doll don chollashtchuh?*
in three months	ann an trì mìosan	*annun tree mee·ussun*
What subjects do you like best?	Dè na cuspairean as fheàrr leat?	*jae nuh coo·sparrun ushahr let?*
I prefer ... (technology)	'S e ... (teacneòlas) ... as fheàrr leam	*sheh...(teck·n·yawluss).. ush ahr loom*
Do you like school?	An toil leat an sgoil?	*un taw let un skol?*
Yes/No (to *An toil/Nach toil ...?*)	'S toil/cha toil	*stol/cha tol*
Who else is in your class?	Cò eile tha sa chlas agad?	*coe illih ha suh chlass ackut?*
What stage are you at?	Dè 'n ìre aig a bheil thu?	*jaen yeeruh eck uh vil oo?*
Are you good at ...?	A bheil thu math air ...?	*uh vil oo ma ir ...?*
Did she win a prize?	An do choisinn i duais?	*un daw chosheen yee doo·ush?*
When are the holidays?	Cuine bhios na saor-làithean ann?	*coon·yuh viss nuh seur lah·yun a·oon?*
What are you going to be when you grow up?	Dè tha gu bhith annad nuair a dh'fhàsas tu mòr?	*jae ha goo vee oonut noo·ur uh ghah·suss doo moer?*
I'm going to be prime minister	Tha mise gu bhith 'nam phrìomhair	*ha meeshuh goo vee nam free·uhvir*
You lucky person!	O nach buidhe dhut!	*oh nach boe·yuh ghoot!*

Common domestic phrases

Come in	Thig a-steach	*heek uh shtchach*
Come here	Trobhad seo	*troe·ut shaw*
Who was at the door?	Cò bh'aig an doras?	*coe veck un dorruss?*
It was ...	'S e ... a bh'ann	*sheh ... uh va·oon*
Give me your coat	Thoir dhomh do chòta	*horr ghoe daw chawtuh*
Sit down	Suidh sìos	*soo·ee shee·uss*

Shut the door (behind you)	Dùin an doras (air do chùlaibh)	*doon yun dorruss (ir daw choeliv)*
Open the window	Fosgail an uinneag	*foe·skill un oon·yack*
It's getting dark – put on the light	Tha e 'fàs dorch – cuir air an solas	*ha eh fahss dorroch – coor irrun solluss*
Put off the radio: It's too noisy – turn it down	Cuir dheth an rèidio: tha e ro fhuaimneach – tionndaidh sìos e	*coor yeh un reh·dio ha eh ro oo·umroch – tchoon·da·ee shee·uss eh*
Can I get past?	Am faigh mi seachad?	*um fa·ee mee shachut?*
Move out of the road	Mach às an rathad	*mach assuh rah·at*
You're in my way	Tha thu anns an rathad orm	*ha oo ussuh rah·at orrom*
You're in my light	Tha thu anns an t-solas orm	*ha oo ussun toluss orrom*
Go on [polite or plural]	Siuthad [Siuthadaibh]	*shoo·ut [shoo·tiv]*
Go ahead	Gabh air d'adhart	*gav ir deu·urt*
You nearly fell	Theab thu tuiteam	*hip oo tootchum*
You managed it	Rinn thu 'chùis air	*ra·een yoo choosh ir*
I never saw the like	Chan fhaca mi a leithid	*chan achkuh mee leh·hitch*
It's time … (he came)	Tha thìd … (aige tighinn)	*ha hee·j … (egg·yuh tchee·eeñ)*
There's no sign of him/it	Chan eil sgeul air	*Chan yil skee·al ir*
Are you listening to me?	A bheil thu 'g èisteachd rium?	*uh vil oo gaesh·jochk room?*
I didn't hear you	Cha chuala mi thu	*cha choe·ulluh mee oo*
You're kidding me	Tha thu 'tarraing asam	*ha oo ta·ring assum*
I had better not	Chan eil math dhomh	*chan yil ma ghoe*
Who's that for?	Cò dha tha sin?	*koe gha ha shin?*
It's for you	'S ann dhutsa tha e	*sa·oon ghootsuh ha eh*
What's on television?	Dè th'air an telebhisean?	*jae hirrun televishan?*
Nothing worth watching	Chan eil càil as fhiach fhaicinn	*chan yil cahl ish ee·och ech·keeñ*

Lost and found

Where's …?	Càit a bheil …?	*kahtch uh vil …?*
Where did you put …?	Càit an do chuir thu …?	*kahtch un daw choor oo …?*
Has anybody seen …?	Am faca duine …?	*um fachkuh doon·yuh …?*
I don't know	Chan eil fhios agam	*chan yil iss ackum*
I haven't seen it	Chan fhaca mi e	*chan achkuh mee eh*
I didn't touch it	Cha do bhean mi dha	*cha daw ven mee ghah*
It's where you left it	Tha e far na dh'fhàg thu e	*ha eh far nuh ghah koo*

I think it's ...	Tha mi 'smaoineachadh gu bheil e ...	*ha mee smeun·yochugh goo vil eh ...*
... on top of the books	... air mullach nan leabhraichean	*... ir mooloch nuh l·yawreech·yun*
... on the back of the door	... air cùl an dorais	*... ir coel un dorreesh*
... in your pocket	... 'na do phòcaid	*... na daw faw·catch*
What are you looking for?	Dè tha thu lorg?	*jae ha oo lorrock?*
I've lost ...	Chaill mi ...	*cha·eel mee ...*
See if you can find ...	Feuch an lorg thu ...	*fee·ach un lorrock oo ...*
Will you get ... for me?	Am faigh thu ... dhomh?	*um fa·ee oo ... ghoe?*
I don't know where it is	Chan eil fhios 'am càit a bheil e	*chan yil issum kahtch uh vil eh*
Get it yourself!	Faigh fhèin e!	*fa·ee haen eh!*
Here it is!	Seo e!	*shaw eh!*
I've got it!	Fhuair mi e!	*hoo·ur mee eh!*

Doing things around the house: household chores

drying	a' tiormachadh	*uh tchirrumochugh*
fixing	a' càradh	*uh cah·ragh*
folding	a' pasgadh	*uh paskugh*
hanging	a' crochadh	*uh crochugh*
helping	a' cuideachadh	*uh coo·jochugh*
ironing	ag iarnaigeadh	*uhg ee·urneegugh*
lifting	a' togail	*uh toekal*
painting	a' peantadh	*uh pentugh*
putting (away)	a' cur (air falbh)	*uh coor (ir falav)*
sweeping	a' sguabadh	*uh skoo·ubbugh*
tidying	a' sgioblachadh	*uh skiblochugh*
trying [attempting]	a' feuchainn	*uh fee·acheñ*

What are you doing? — Dè tha thu 'dèanamh? — *jae ha oo jee·annuv?*

I'm busy working	Tha mi trang ag obair	*ha mee trang guh goebir*
(I'm) ... making the bed	(Tha mi) ... a' càradh na leap'	*(ha mee) ... uh cahragh nuh l·yep*
... cleaning the house	... a' glanadh an taighe	*... uh glannugh un teh·uh*
... washing the dishes	... a' nighe nan soithichean	*... uh ñee·uh nuh ... seh·eech·yun*
... doing the washing	... a' dèanamh an nigheadaireachd	*... uh jee·annuv un ñee·darrochk*
... making the dinner	... a' dèanamh an dìnneir	*... uh jee·annuv un jeeen·yer*
... scrubbing the floor	... a' sgùradh an làir	*... uh skoorugh un lahr*
I'm going ...	Tha mi 'dol ...	*ha mee doll ...*
... to work outside	... a dh'obair a-muigh	*... uh ghoebir uh moo·ee*

... to clean the car	... a ghlanadh a' chàir	*... uh gh̲annugh uh chahr*
... to mend this shelf	... a chàradh an sgeilp seo	*... uh chahragh un skillip shaw*
Did you do it yet?	An do rinn thu fhathast e?	*un̲ d̲aw ra·een yoo hah·ast̲ eh?*
Yes/No (to *An/Nach do rinn...*?)	Rinn /Cha do rinn	*ra·een / cha d̲aw ra·een*
He's working on it just now	Tha e 'g obair air an-dràsta	*ha eh goebir ir un̲ d̲rah·st̲uh*
There's no word of it	Chan eil guth air	*chan yil goo hir*
I'm trying to do it	Tha mi 'feuchainn ri dhèanamh	*ha mee fee·acheeñ ree yee·annuv*
I'm going to do it	Tha mi 'dol ga dhèanamh	*ha mee d̲oll ga yee·annuv*
He's lifting them	Tha e gan togail	*ha eh ga̲n t̲oekal*
She's helping me	Tha i gam chuideachadh	*ha ee gam choo·jochugh*
I'm taking the dog out for a walk	Tha mi a' dol a-mach cuairt leis a' chù	*ha mee d̲oll uh mach coe·ursht lish uh choo*

In the kitchen/cooking

(See also Section K, Eating and Drinking Out, p. 51)

full/empty	làn/falamh	*l̲ahn/fah·l̲uv*
clean/dirty	glan/salach	*gl̲an/sal̲loch*
finished/ready	deiseil	*jishell*
baking	a' deasachadh *or* a' fuin	*uh jessochugh (uh foeñ)*
boiling	a' goil	*uh g·eul*
burning	a' losgadh	*uh l̲oeskugh*
cooking	a' bruich *or* a' còcaireachd	*uh bree·ch (uh cawkirrochk)*
filling	a' lìonadh	*uh l·yee·unnugh*
melting	a' leaghadh	*uh l·yeu·ugh*
mixing	a' measgachadh	*uh meskochugh*
pouring/pouring out	a' dòrtadh/a' taomadh	*uh d̲awrshtugh/t̲eumugh*
soaking	a' bogadh	*uh boekugh*
stirring	a' cur mun cuairt	*uh coor moong coe·ursht*
the pot *or* the pan	a' phoit *or* a' phrais	*uh foytch (uh frash)*
a small pot	sgeileid	*skilletch*
the lid (the pot lid)	an ceann (ceann na poite)	*ung k·ya·oo̲n (k·ya·oo̲n nuh potchuh)*
the ladle	an lìagh	*un l·yee·agh*
the cooker/stove	an stòbha	*un stawvuh*
the oven	an àmhainn	*un̲ ah·veen*
the heat	an teas	*un tchess*

the steam, smoke	an ceò	*ung k·yaw*
the smell	am fàileadh	*um fah·lagh*
the taste	am blas	*um blass*
basin	am mias	*um mee·ass*
bucket	am peile/an cuman	*um pilluh/ung kooman*
soap	an siabann	*un shee·ubbun*
pegs	na prìnichean	*nuh preeneech·yun*

Will you help me?	An cuidich thu mi?	*ung coo·jeech oo mee?*
What do you want me to do?	Dè tha thu 'g iarraidh orm a dhèanamh?	*jae ha oo g·ee·urry orrom uh yee·annuv?*
Will you make me a cup of tea?	An dèan thu cupan teatha dhomh?	*un jee·an oo coopan tee ghoe?*
Drain the potatoes	Taom am buntàta	*teum um boontahtuh*
Set the table	Seat am bòrd	*set um bawrd*
She's peeling the potatoes	Tha i rùsgadh a' bhuntàt'	*ha ee roeskugh uh voontaht*
The kettle's boiling	Tha 'n coire a' goil	*hahng corruh geul*
Put it on the table	Cuir air a' bhòrd e	*coor irruh vawrd eh*
Leave it till it gets cold	Fàg e gus am fàs e fuar	*fahk eh goo sum fah seh foo·urr*
There's something singeing	Tha rudeigin a' dathadh	*ha rooticken uh dah·ugh*
The pan's boiling over	Tha a' phrais a' dol thairis	*ha frash uh doll harreesh*
It's boiling too hard	Tha e 'goil ro bhrais	*ha eh geul ro prash·uh*
The pot has boiled dry	Tha a' phoit air traoghadh	*ha uh foytch ir treu·ugh*
It's sticking to the bottom of the pot	Tha e 'leantainn ri tòin na praise	*ha eh l·yenteeñ ree tawn yuh frash*
It's overcooked	Fhuair e cus bruich	*hoo·urr eh cooss bree·ch*
Did you put salt in it?	An do chuir thu salainn ann?	*nuh choor oo saleeñ a·oon?*
Yes/No, not yet (to *An do chuir...*?)	Chuir/cha do chuir fhathast	*choor/cha daw choor hah·ast*
What food do we need?	Dè 'm biadh a tha dhìth oirnn?	*jaem bee·ugh uh ha yeee awrñ?*
We're short of bread	Tha sinn gann de dh'aran	*ha sheeñ ga·oon jeh gharran*
Is there enough milk in?	A bheil bainne gu leòr a-staigh?	*uh vil ban·yuh goo l·yawr uh stuh·ee?*
I must buy ...	Feumaidh mi ... a cheannach	*faemee mee ... uh ch·yannoch*

Family meals

(See also Eating a meal, p. 54)

a mouthful (of food)	gàmag	*gah·mack*
a mouthful (of drink)	balgam	*balackum*
a crumb(s)	criomag(an)	*crimack(un)*
a drop	deur, drudhag	*jee·ar, droo·ack*
belch, belching	brùchd, a' brùchdadh	*broochk, uh broochkugh*
bite, biting	bìd, a' bìdeadh	*bee·j, uh bee·jugh*
chew/crunch, chewing	cagainn, a' cagnadh	*cag·eeñ, uh cagnugh*
choke, choking	tachd, a' tachdadh	*tachk, uh tachkugh*
lick, licking	imlich, ag imlich	*immuleech, ug immuleech*
suck, sucking	deoghail, a' deoghal	*jawil, uh jawull*
swallow, swallowing	sluig, a' slugadh	*sloo·ik, uh slookugh*

General phrases

What's for tea?	Dè th'ann gu tea?	*jae ha·oon goo tea?*
Are there any biscuits in?	A bheil briosgaidean a-staigh?	*uh vil briskatchun uh stuh·ee?*
Eat your food while it's hot	Ith do bhiadh fhad's a tha e teth	*eech daw vee·ugh atsuh ha eh tcheh*
Who wants ...?	Cò tha 'g iarraidh ...?	*coe ha g·ee·urry ...?*
I do	Tha mise	*ha meeshuh*
What about me?	Dè mu mo dheidhinnsa?	*jae moo mo yae·eensuh?*
Is there any more ...?	A bheil tuilleadh ... ann?	*uh vil tool·yugh ... a·oon?*
You've had enough already	Fhuair thusa gu leòr mar tha	*hoo·ur oosuh goo l·yawr mar ha*
There's no ... left	Chan eil ... air fhàgail	*chan yil ... ir ahkal*
Try to eat the cabbage	Feuch an ith thu 'n càl	*fee·ach un yeech oong kahl*
Watch you don't spill it	Bi faicilleach mus dòirt thu e	*bee fechkeel·yoch muss dawrsht oo eh*
I've got hiccups	Tha 'n aileag orm	*hahn Alack orrom*
Take your time (with it)	Gabh do thìde (dha)	*gav daw hee·juh (ghah)*
This is very good	Tha seo glè mhath	*ha shaw glae va*
Who made it?	Cò rinn e?	*coe ra·een yeh?*
I did/Mary did	Rinn mise/rinn Màiri	*ra·eeñ meeshuh/ra·eeñ Mahree*
I really enjoyed that	Chòrd sin rium glan	*chawrd shin room glan*
He got more than me	Fhuair esan barrachd orm-sa	*hoo·urr essun barrochk orromsuh*
Shut your mouth while you're eating	Dùin do bheul fhad's a tha thu 'g ithe	*dooñ daw vee·al atsuh ha oo g·eechuh*
Sit up and shut up	Suidh suas agus eist	*soo·ee soo·uss ughuss ishtch*
Please may I leave the table?	Am faod mi èirigh bhon bhòrd?	*um feut mee air·ee voen vawrd?*

Talking with children

(See also p. 107 for Schooling and education and p. 115 for Family friction)

Come here	Trobhad seo	*troe·ut sho*
Look at this	Coimhead seo	*koyut sho*
Look what I've got	Seall dè fhuair mi	*sha·ool jae hoo·urr mee*
What have you got? (in your hand)	Dè th'agad ('na do làimh)?	*jae haghut (na daw lah·eev)?*
What have you done?	Dè rinn thu?	*jae ra·een yoo?*
Good boy (good girl)	Balach còir (nighean chòir)	*balloch cawr (n·yee·un chawr)*
Bad boy (bad girl)	Balach crost (nighean chrost)	*balloch crosst (n·yee·un chrosst)*
Do you like ... (sweets)?	An toil leat ... (suiteas)?	*un tollet ... (soo·eetess)?*
Yes/No (to *An toil/ Nach toil?*)	'S toil/cha toil	*stol/cha tol*
Put away your toys	Cuir air falbh na dèideagan agad	*coor ir falav nuh jae·jackun aghut*
I can't do it	Chan urrainn dhomh a dhèanamh	*chan oereeñ ghoe uh yee·annuv*
I haven't got time	Chan eil tìd agam	*chan yil tchee·j ackum*
Do it, before I get angry	Dèan e, mus fhàs mi crosta	*jee·ann eh, muss ahss mee crosstuh*
Aren't you good (well-behaved)?	Nach tu tha dòigheil (modhail)?	*nach doo ha daw·yell (moe.ghal)?*
If I'm good ...	Ma bhios mi còir ...	*ma viss mee cawr ...*
... may I get (an apple)?	... am faod mi (ubhal) fhaighinn?	*... um feut mee (oo·ull) a·yeen?*
Yes/No (to *Am faod ...?*)	Faodaidh/Chan fhaod	*feutee/Chan eut*
May I go out to play?	Am faod mi dhol a-mach a chluich?	*um feut mee gholl uh mach uh chloo·eech?*
Did you get permission?	An d'fhuair thu cead?	*un doo·urr oo k·yet?*
Where is your homework?	Càite bheil d' obair-dachaigh?	*kahtchuh vil doebir dachaigh?*
What have you got in your bag for me?	Dè th' agad 'na do bhaga (dhomh)?	*jae haggit na dow vagguh (ghaw)*
How did you get on at school today?	Ciamar a chaidh dhut san sgoil an-diugh?	*kimmer ih cha·ee ghoot sun skol un·joo?*
How many points did you get?	Co mheud puing a fhuair thu?	*koe vee·ut poo·eeng uh hoo·ur oo?*
I got (five) points	Fhuair mi (còig) puingean	*Hoo·ur mee (koe·ick) poo·eengun*
Who was playing with you?	Co bha 'cluich comhla riut?	*koe vah kloo·eech kawla root*

S

Do you want me to help you?	A bheil thu 'g iarraidh orm do chuideachadh?	*Uh vil oo g.ee.urry orrom daw choojochugh?*
What game shall we play?	Dè 'n geama a chluicheas sinn?	*jaen geh·muh uh chlooch·yuss sheeñ?*
Doesn't your gym kit need washing?	Nach eil d'aodach cleasachd ag iarraidh nighe?	*Nach il deudoch klessochk ug.ee.urry ñee. uh?*
Yes/No (to *A bheil/Nach eil ...?*)	Tha/Chan eil	*Hah/chan yil*
Take it easy	Air do shocair	*ir daw hochkir*
Why are you crying?	Carson a tha thu 'gal?	*carsawn uh ha oo gal?*
He's a wee bit shy	Tha e caran diùid	*ha eh carran joo·j*
Ignore him	Coma leat dheth	*coemuh let yeh*
She's in a huff	Tha stùirc oirre	*ha stoork orrih*
Give me your hand	Thoir dhomh do làmh	*hor ghoe daw lahv*
I've nothing to do	Chan eil càil agam ri dhèanamh	*chan yil cahl ackum ree yee·annuv*
Play a game – pretend you're soldiers	Cluich geama – leigibh oirbh gur e saighdearan a th'annaibh	*cloo·eech g·emmuh – l·yeek irriv goor eh suh·eejarrun uh hannuv*
Catch hold of this	Gabh grèim air seo	*gav graem ir shaw*
Don't drop it	Na leig leis tuiteam	*na l·yeek lish tootchum*
Don't touch that!	Na bean dhan a sin!	*na ben gha nuh shin!*
Stop doing that!	Sguir a dhèanamh sin!	*skoor uh yee·annuv shin!*
It's time you ...	Tha thìd agad ...	*ha hee·j aghut ...*
... went to bed	... dhol dhan leabaidh	*... gholl ghan l·yebee*
Did you clean your teeth?	An do ghlan thu d' fhiaclan?	*un daw ghlan oo dee·ucklun?*
Yes/No	Ghlan/cha do ghlan	*ghlan/cha daw ghlan*
Go to sleep. Sleep well	Falbh a chadal. Caidil gu math	*falav uh chadull. ca·jill goo ma*
Will you read me a story?	An leugh thu stòiridh dhomh?	*un l·yaev oo stawry ghoe?*
Mummy! Daddy!	Mamaidh! Dadaidh!	*mammy! daddy!*
Yes	Seadh	*sheugh*
Will you get me a drink of water?	Am faigh thu deoch uisge dhomh?	*um fa·ee oo joch ooshk·yuh ghoe?*

Family friction

arguing/scolding	ag argumaid/a' trod	*uh garragoomatch/uh trot*
crying	a' gal (a' rànaich)[a' caoineadh]	*uh gal (uh rahneech)[uh keun·yugh]*
fighting	a' sabaid	*uh sabbatch*

S

115

hitting	a' bualadh	*uh boe·ullugh*
screaming	a' sgriachail/a' sgiamhail	*uh skree·uchal/uh skee·uval*
shouting	ag èigheach(d)	*uh gae·yoch(k)*
swearing	a' guidheachan	*uh goo·yochan*
What a noise!	Abair fuaim!	*abbir foo·um*
Stop it. Be quiet.	Sguir dheth. Bi sàmhach.	*skoor yeh. bee sahvoch*
Who was bothering you?	Co bha riut?	*koe vah roo·t*
What happened?	Dè thachair?	*jae hachir?*
He hit me	Bhuail e mi	*voo·ill eh mee*
No I didn't. You hit me first.	Cha do bhuail. Bhuail thusa mise an toiseach.	*cha daw voo·ill. voo·ill oo·suh meeshuh un toshoch*
It's not my fault	Chan e mis' is coireach	*chan yeh meesh iss curroch*
He made me do it	Thug e orm a dhèanamh	*hook eh orrom uh yee·annuv*
He was threatening me	Bha e maoidheadh orm	*va e mooyugh orrom*
She kicked me	Dh'fheuch i a cas orm	*yee·ach ee uh cass orrom*
You're a bully	'S e burraidh a th'annad	*sheh boorree uh hoonut*
He's only a wee boy	Chan eil ann ach gille beag	*chan yil a·oon ach g·eel·yuh bick*
He stole my car	Ghoid esan mo chàr	*gheutch essun mo chahr*
Let go of it/him	Leig às e	*l·yeek ass eh*
Leave him (her) alone	Leig leis (leatha)	*l·yeek lish (leh·uh)*
That's nasty	Tha sin mì-chiatach	*ha shin mee ch·yattoch*
Don't be bothering him (her)	Na bi 'cur dragh air (oirre)	*na bee koor dreugh ir (orruh)*
Stop teasing her	Sguir a tharraing aiste	*skoor uh harring ashtchuh*
Say you are sorry	Can gu bheil thu duilich	*can goo vil oo dooleech*
Hold your tongue (or else ...)	Cùm do theanga (air neo ...)	*coom daw heh·ghuh (ir n·yaw ...)*
... I'll be after you!	... Bheir mis' ort!	*...virr meesh orsht!*
You're very cheeky	Nach tu tha bragail	*nach doo ha braggal*
Don't be naughty	Na bi mì-mhodhail	*na bee mee voeghal*
It serves you right	'S math an airidh	*sma hun arry*

Talking about People

Numbers of people

two people	dithis	*jee·eesh*
three people	triùir	*troor*
four people	ceathrar/ceithrear	*kehrer*
five people	còignear	*coe·ickn·yer*
six people	sianar	*shee·annur*
seven people	seachdnar	*shachknur*
eight people	ochdnar	*ochknar*
nine people	naoinear	*neu·een·yar*
ten people	deichnear	*jaechnar*

(over ten, numbers of persons revert to the normal numerals e.g. sixteen people – **sia** duine deug. *See Section D, p. 13, for numbers.*)

a person or two	duine no dhithis	*doon·yuh naw yee·eesh*
lots of people	mòran dhaoine	*moe·ran gheun·yuh*
everybody	a h-uile duine	*uh hooluh doon·yuh*
Which one of them?	Cò 'm fear aca?	*coem ferr achkuh?*
all of them	a h-uile duin' aca	*uh hooluh doon yachkuh*
some of them	cuid dhiubh/feadhainn aca	*cootch yoo/feu·gheen achkuh*
somebody (anybody)	cuideigin (duine sam bith)	*cootch·icken (doon·yuh sumbee)*
one of them *(masc)*	fear dhiubh	*ferr yoo*
one of them *(fem)*	tè dhiubh	*tchae yoo*
the majority (of them)	a' chuid as motha (dhiubh)	*a chootch uss mawuh (yoo)*
the others	an fheadhainn eile	*un yeugheeñ illuh*
None of them was there	Cha robh duin' ac' ann	*cha ro doon yachk a·oon*
Not even (ten folk) came	Cha tàinig fiù 's (deichnear)	*cha daneek f·yoo s (jaechnar)*
Lots of people were there	Bha mòran dhaoine ann	*vah moeran gheun·yuh a·oon*
a fair crowd of people	grunn math dhaoine	*groen ma gheun·yuh*

| ... one after the other | ... fear às dèidh chèile | ...ferr ush jae·ee ch·yaeluh |
| ... turn about (taking turns) | ... fear mu seach | ...ferr moo shach |

Describing people
Physical description

the baby	am pàiste/am bèibidh	um pahsh·jan
the child	an leanabh	un l·yenniv
the children	a' chlann	uh chla·oon
the boy	an gille or am balach	ung g·eel·yuh (um balloch)
the girl	a' chaileag or an nighean	uh chalack (un n·yee·un)
the wee one (fem.)	an tè bheag	uhn tchae vick
the wee one (masc.)	am fear beag	uhm fer bick
the man	an duine or am fireannach	un doon·yuh (um firrunoch)
the woman	am boireannach	um borrunoch
the old man	am bodach	um boddoch
the old woman	a' chailleach	uh chal·yoch
blonde (a blonde man)	bàn (duine bàn)	bahn (doon·yuh bahn)
brunette	donn	duh·oon
black-haired	dubh	doo
red-haired	ruadh	roe·ugh
grey-haired	liath	l·yee·uh
curly-haired	coileach	culloch
bald	maol	meul
big/small, short	mòr/beag	moer/bick
fat	tiugh or reamhar	tchoo (ravvur)
thin	caol or tana	keul (tannuh)
tall/pretty	àrd/snog	ahrd/snock
young/old	òg/aosta or sean	awg/eustuh (shen)
beautiful	bòidheach or brèagha	baw·yoch (bree·a·uh)
handsome	eireachdail	irrochkal
strong	làidir	lah·jir
sturdy, well-built (can also mean clever)	tapaidh	tappy
Do you know ...?	An aithne dhut ...?	un ann·yuh ghoot ...?
Yes/No	'S aithne/Chan aithne	sann·yuh/chan ann·yuh
What does he (she) look like?	Dè is coltas dha (dhi)?	jae iss coltass ghah (yee)?
She's small and fair-haired	Tha i beag is bàn/ 'S e tè bheag, bhàn a th' innte	ha ee bick iss bahn sheh tcheh vick vahn uh heentchuh

He's quite big	Tha e gu math mòr	*ha eh goo ma moer*
He's a wee fat boy	'S e gille beag tiugh a th'ann	*sheh g·eel·yuh bick tchoo uh ha·oon*
What did he look like?	Dè bu choltas dha?	*jae boo choltass ghah?*
He was fairly tall	Bha e meadhanach àrd/ 'S e fear meadhanach àrd a bh'ann	*vah eh mee·anoch ahrd sheh fer mee·annoch ahrd uh va·oon*
He was a handsome man	'S e duine eireachdail a bh'ann	*sheh doon·yuh irrockal uh va·oon*
a fair-haired girl	caileag bhàn	*callack vahn*
a bald man	duine maol	*doon·yuh meul*
a bearded man	duine le fiasaig	*doon·yuh leh fee·ussack*
She has freckles	Tha breacadh-seunain oirre	*ha brechkuh shee·unnan orruh*
My, you are suntanned	Nach tu tha dubh aig a' ghrian	*nach doo ha doo hock uh ghree·un*

Character and personality

business-like	gnothachail	*grawochal*
crafty, cunning	carach *or* seòlta	*carroch (shawltuh)*
fine, good	gasta *or* laghach	*gasstuh (leu·och)*
gentle	solt	*solt*
generous	fialaidh	*fee·ullee*
impatient	mì-fhoighidneach	*mee eu·eetch·noch*
intelligent	tuigseach	*tookshoch*
kind	còir *or* dòigheil	*cawr (daw·yell)*
lazy	leisg	*l·yishk*
opinionated	beachdail	*b·yachkal*
patient	foighidneach	*feu·eetch·noch*
proud (of)	pròiseil *or* moiteil (à/às)	*praw·shell (moytchell (a/ass))*
sensible	glic *or* ciallach	*gleechk (kee·ulloch)*
shy	diùid	*jooo·j*
stupid	gòrach	*gawroch*
sturdy *also* smart/clever	tapaidh	*ta·pee*
surly, nasty	suarach *or* mosach	*soe·urroch (mossoch)*
talkative	còmhraideach	*cawratchoch*
a fool (*masc/fem*)	amadan/òinseach	*ammudan/awnshoch*
a wee terror	meaban beag	*mebban bick*
a rascal, thief	meàirleach	*m·yarloch*
a wretch, poor soul	truaghan *or* bochdan (*masc*)	*troo·ughan (bochkan)*
	truaghag *or* bochdag (*fem*)	*troo·ughack (bochkack)*

What kind of man is he?	Dè seòrsa duine a th'ann?	*jae shawrsuh <u>d</u>oon·yuh uh ha·oo<u>n</u>?*
He's a fine/nice man	'S e duine laghach a th'ann	*sheh <u>d</u>oon·yuh <u>l</u>eu·och uh ha·oo<u>n</u>*
a true gentleman	fìor dhuin-uasal	*feer ghoon·yoo·ussu<u>ll</u>*
a complete fool	fìor amadan	*feer ammu<u>d</u>an*
What kind of child is she?	Dè seòrsa leanabh a th'innt'?	*jae shawrsuh l·yenniv uh heentch?*
a docile child	leanabh solt	*l·yenniv so<u>lt</u>*
What do you think of him?	Dè do bheachd air?	*jae <u>d</u>aw v·yachk ir?*
Do you like her?	An caomh leat i? *or* An toil leat i?	*ung keuv le<u>t</u> ee? un <u>t</u>olle<u>t</u> ee?*
Yes	'S caomh *or* 's toil	*skeuv (s<u>t</u>ol)*
No	Cha chaomh *or* cha toil	*cha cheuv (cha <u>t</u>ol)*
I don't like him at all	Cha chaomh leam idir e	*cha cheuv loom ee·jir eh*
He's very headstrong	Tha e fada 'na cheann fhèin	*ha eh fa<u>tt</u>uh na ch·yaoo<u>n</u> haen*
They say she is ...	Tha iad ag ràdh gu bheil i ...	*ha<u>t</u> uggrah goo vil ee ...*
... (such a gossip)	... cho beulach)	*... (choe bee·alloch)*
My, you are hard on him/her	Nach tu tha trom air/oirre	*nach <u>d</u>oo ha <u>t</u>ruh·oom ir/ orruh*
He's a friend of mine	'S e caraid dhomh a th'ann	*sheh karreetch ghoe uh ha·oo<u>n</u>*

Feelings and emotions

(See also above and p. 115, for Family friction)

angry, wild	feargach/ fiadhaich/ crosta	*ferragoch/fee·uh·eech/ cross<u>t</u>uh*
excited [on tenterhooks]	air bhioran	*irr virrun*
jealous	farmadach *or* eudach	*farramu<u>dd</u>och (ee·a<u>dd</u>och)*
pleased	toilichte	*<u>t</u>olleech·tchuh*
sad	tùrsach *or* brònach	*<u>t</u>oersoch (brawnoch)*
satisfied	riaraichte	*ree·ureech·tchuh*
worried	fo chùram *or* fo iomagain	*fo choorum (fo immuggan)*
a tear (the tears)	deur (na deòir)	*jee·ar (nuh jawr)*
a sigh (sighing)	osann (ag osnaich)	*oss·u<u>n</u> (uh goss·<u>n</u>eech)*
pining	a' caoineadh	*uh keun·yugh*
What's worrying you?	Dè tha 'cur dragh ort?	*jae ha coor dreugh orsht?*
Nothing much	Chan eil mòran	*chan yil moeran*

I'm happy enough	Tha mi sona gu leòr	*ha mee sonnuh goo l·yawr*
He's as pleased as Punch	Tha e air a dhòigh	*ha eh irruh ghaw·ee*
Why is he laughing?	Carson a tha e a' gàireachdainn?	*carsawn uh ha eh uh gahrochkeeñ?*
He is smiling	Tha e 'dèanamh gàire	*ha eh jee·annuv gahruh*
I love you	Tha gaol agam ort	*ha g·euḻ ackum orsht*
That's not funny at all	Chan eil sin èibhinn idir	*chan yil shin ae·veeñ eejir*
Why are you crying?	Carson a tha thu 'gal?	*carsawn uh ha oo gaḻ?*
I'm a wee bit lonely	Tha mi caran aonranach	*ha mee carran eunrannoch*
Do you miss it/him?	A bheil thu ga ionndrainn?	*uh vil oo ga yoondrañ?*
She's depressed	Tha lionn-dubh oirre	*ha l·yoon̠ doo orruh*
They are homesick	Tha 'n cianalas orra	*hahng kee·unnuḻḻuss orruh*
The work is stressing him out	Tha 'n obair ga shàrachadh	*hah̠n oebir ga hahrochugh*
Shame on you!	Mo nàir' ort!	*mo nahr orsht!*
I was ashamed	Bha mi air mo nàrachadh	*vah mee ir mo nahrochugh*
He was mocking me	Bha e 'fanaid orm	*vah eh fannatch orrom*
Why are you afraid?	Carson a tha eagal ort?	*carsawn uh ha ickuḻ orsht?*
I am frightened of the dog	Tha eagal orm roimh'n chù	*ha ickuḻ orrom rawn choo*
It won't harm you at all	Cha dèan e cron ort idir	*cha jee·an eh cron orsht eejir*

Having and owning

my	mo	(I) mi	+ aig (at)	= agam	+ le (with)	= leam
your	do	(you) thu		= agad		= leat
his	a	(he) e	*Having*	= aige	*Owning*	= leis
her	a	(she) i		= aice		= leatha
our	ar	(we) sinn		= againn		= leinn
your	(bh)ur	(you) sibh		= agaibh		= leibh
their	an/am	(they) iad		= aca		= leotha

(For speed of reference these lists have been given here; for further details see Section B, p. 7.)

my coat	mo chòta *or* an còta agam	*mo chawṯuh (ung kawṯ ackum)*
his shoe	a bhròg *or* a' bhròg aige	*uh vrawg (uh vrawg egg·yuh)*
her shoe	a bròg *or* a' bhròg aice	*uh brawg (uh vrawg echk·yuh)*
their houses	an taighean *or* na taighean aca	*un ṯeh·hun (nuh ṯeh·hun achk·uh)*
James' coat	còta Sheumais *or* an còta aig Seumas	*cawṯuh haemish (ung kawṯ eck shaemuss)*
my brother's book	leabhar mo bhràthar *or* an leabhar aig mo bhràthair	*l·yawr mo vrah·har (un l·yawr eck mo vrah·har)*
the dog's tail	earball a' choin *or* an t-earball aig a' chù	*irribuḷ uh choñ (un tchirribuḷ eck uh choo)*
What have you got?	Dè th'agad?	*jae haghuṯ?*
I have a coat	Tha còta agam	*ha cawṯuh ackum*
They have books	Tha leabhraichean aca	*ha l·yawreechin achkuh*
Do you have a car?	A bheil càr agad?	*uh vil cahr ackuṯ?*
Yes/No	Tha/Chan eil	*ha/chan yil*
Who has the key?	Co aige tha 'n iuchair?	*coe eck yuh hahn yoochar?*
Me/John	agamsa/aig Iain	*ackum·suh/eck ee·añ*
John has it	'S ann aig Iain a tha i	*sa·oon eck ee·añ uh ha ee*
Here are your gloves	Seo do mhiotagan	*shaw ḏaw veeṯackun*
He's holding a pen	Tha peann aige 'na làimh	*ha p·ya·oon egg·yuh na ḷa·eev*
You have a bit to go	Tha pìos agaibh ri dhol	*ha peess ackuv rih ghoḷḷ*
I have the house to clean	Tha 'n taigh agam ri ghlanadh	*hahn ṯuh·ee ackum rih ghḷannugh*
She had a book to read	Bha leabhar aice ri leughadh	*vah l·yawr echk·yuh rih laevugh*
That's Donald's car	'S e sin càr Dhòmhnaill	*sheh shin cahr ghaw·eel*
Whose is this?	Co leis a tha seo?	*coe lish uh ha shaw?*
Mine/John's	leamsa/le Iain	*loom·suh/leh ee·añ*
It is mine	'S ann leamsa a tha e	*sa·oon loom·suh uh ha eh*
Is this *your* bag?	An ann leatsa a tha am baga seo?	*un a·oon leṯ·suh uh hahm bagguh shaw?*
Yes/No (to *An/ Nach ann* ...?)	'S ann/chan ann	*sa·ooṉ/chaṉ a·ooṉ*
Is *this* your bag?	An e seo am baga agad?	*un yeh shaw um bagguh ackuṯ?*
Yes/No (to *An/ Nach e* ...?)	'S e/chan e	*sheh/chan yeh*

That car belongs to Donald	'S ann le Dòmhnall a tha an càr sin	*sa·oon leh ḏaw·uḻḻ uh hahng cahr shin*

Wearing

(See also pp. 87–88)

mi + air (on)	= orm	+ dheth (off/from)	= dhìom
thu + air	= ort		= dhìot
e	= air	Take off	= dheth
Wearing			
i	= oirre		= dhith
sinn	= oirnn		= dhìnn
sibh	= oirbh		= dhìbh
iad	= orra		= dhiubh

What's that you're wearing?	Dè tha sin a th'ort?	*jae ha shin uh horsht?*
What will I wear?	Dè chuireas mi orm?	*jae chooruss mee orrom?*
I'll wear a long dress	Cuiridh mi orm dreas fada	*cooree mee orrom ḏress faṯtuh*
Are you going to wear a hat?	A bheil thusa 'dol a chur ort ad?	*uh vil oo·suh doḻḻ uh choor orsht aṯ?*
They were wearing trousers	Bha briogais orra	*vah brickish orruh*
Put on your coat	Cuir ort (*or* Cuir umad) do chòta	*coor orsht (coor oomuṯ) ḏaw chawṯuh*
Take off your jacket	Cuir dhìot do sheacaid	*coor yee·uṯ ḏaw h·yach·catch*
Didn't you have boots on?	Nach robh bòtannan ort?	*nach ro bawṯunnun orsht?*
Yes, but I took them off	Bha, ach chuir mi dhìom iad	*vah, ach choor mee yee·um aṯ*
Your slip's showing	Tha do chota-bàn ris	*ha ḏaw chawṯuh-bahn reesh*
You've got it on ...	Tha e ort ...	*ha eh orsht ...*
... inside out	... taobh a-muigh a-staigh	*... ṯeuv uh moo·ee uh sṯuh·ee*
... back to front	... cùlaibh ri beulaibh	*... coeḻiv ree bee·aḻiv*
... upside down	... bun os cionn	*... boon oes k·yoon̠*
It's got a twist in it	Tha car ann	*ha kar a·oon̠*
It's got a hole in it	Tha toll air	*ha ṯuh·ooḻ ir*
What do you wear under your kilt?	Dè th'ort fo d' fhèileadh?	*jae horsht foṯ aelugh?*
None of your business	Chan e do ghnothach e	*chan yeh ḏaw ghraw·och eh*

Personal Communication

Writing letters

letter(s)	litir (litrichean)	*l·yeetchir (l·yeetch·reechun)*
card(s)	cairt(ean)	*cahrsht(un)*
envelope(s)	cèis(ean)	*caesh(un)*
stamp(s)	stamp(aichean)	*stamp(eech·yun)*
the address	an seòladh	*un shawlugh*
reading and writing	a' leughadh 's a' sgrìobhadh	*uh l·yaevugh suh skreevugh*
John MacDonald Esq(uire)	Iain Dòmhnallach Uas(al)	*ee·an dawnalloch oo·uss(ull)*
Dear Sir (*lit.*kind friend)	A charaid chòir	*uh charreetch chawr*
Dear Donald	A Dhòmhnaill chòir	*uh ghaw·eel chawr*
Dear Madam	A bhanacharaid chòir	*uh vanna charreetch chawr*
Thank you for your letter	Tapadh leat (*or* leibh) airson do/bhur litreach	*tappuh let (leh·eev) irson daw/voor leetroch*
I was happy to hear from you	Bha mi toilichte cluinntinn bhuat	*va mee tolleech·tchuh kluh·eentcheen voo·ut*
I'm sorry I didn't write before now	Tha mi duilich nach do sgrìobh mi roimhe seo	*ha mee dooleech nach daw skreev mee royuh shaw*
I'd like to draw your attention to …	Bu thoigh leam d'aire a tharraing ri …	*boo holoom da·ruh uh harring ree …*
I'd like to thank you for …	Bu thoigh leam taing a thoirt dhut/dhuibh airson …	*boo holoom ta·eeng guh hort ghoot/ ghuh·eev irson …*
I'd be very pleased if you could…	Bhithinn glè thoilichte nam b'urrainn dhut…	*veeñ glae holleech·tchuh nam booreen ghoot…*
… send me three tickets	….trì tiocaidean a chur thugam	*… tree tickejun uh choor hookum*
I hope … (you will come)	Tha mi 'n dòchas … (gun tig sibh)	*ha meen dawchuss … (goon jeek shiv)*
I am (greatly) obliged to you	Tha mi (fada) 'nad chomain	*ha mee (fattuh) nat choe·meeñ*
Many thanks	Mòran taing	*moe·ran ta·eeng*
Yours faithfully (*lit.*myself with respect)	Mise le meas	*meeshuh leh mess*

Yours sincerely (*lit*.with true sincerity)	Le deagh dhùrachd	*leh jae ghoe·rochk*
With good wishes	Le dùrachdan	*leh doe·rochkun*
Your good friend	Do dheagh charaid	*daw yae charreetch*

On the the computer (laptop)	**an coimpiutar (-uchd)**	*an computer (-oechk)*
... screen	... sgrìon/sgàilean	*... screen/skah.lan*
... mouse	... luchag	*... loochack*
... disc	... diosg/clàr	*... disk/klahr*
... memory	... cuimhne	*... kuh·eenuh*
... key	... putan	*... poo·tan*
... save	... sàbhail	*... sahval*
... saved	... air sàbhaladh	*... irr sahval·ugh*
... space	... beàrn	*... b·yarn*
... click	... gliog	*... glick*
... e-mail	... post-dealain	*... post jallañ*
... web-site	... làrach-lìn	*... lahroch leen*
... internet	... eadar-lìon	*... eddur lee·un*
... press 'return'	... put 'till'	*... poot tcheel*
Switch on the computer	cuir air an coimpiutar	*Koor irrung computer*
I'm working on the computer	Tha mi 'g obair air a' choimpiutair	*Ha mee goe·bir irrah chomputer*
Do you have an e-mail address?	A bheil seòladh dealain agad?	*Uh vil shawlugh jallañ ackiv?*
Look what I found on the internet!	Seall dè lorg mi air an eadar-lìon!	*sha·ool jae lorrock mee irrun eddur lee·un!*

On the phone		
ask, asking (of)	faighnich, a' faighneachd (de)	*fuh·eeñeech, uh fuh·eeñochk (jeh)*
answer, answering	freagair, a' freagairt	*frickur, uh frickurt*
answering machine	inneal-freagairt	*eenyal frickurt*
mobile phone	fòn làimhe	*foen lah·eevuh*
lift/put down	tog/cuir sìos	*toek/coor shee·uss*
the number	an àireamh	*un ahriv*
switch on/ off	cuir air/dheth	*koor ir/yeh*
the telephone directory	leabhar-a-fòn	*l·yawr uh foen*
text message	fios teacsa	*fiss texuh*
Whose phone is that ringing?	Cò 'm fòn tha sin a' seirm?	*koem foen ha shin uh shirrim?*
It's mine – sorry	'S ann leamsa tha e – duilich	*sa·oon loomsuh ha eh – dooleech*
The phone's ringing	Tha am fòn a' dol	*hahm phone uh doll*

Who's going to lift it?	Cò tha 'dol ga thogail?	*coe ha doll ga hoe·kal?*
I'll get it	Togaidh mis' e	*toe·kee meesh eh*
Who's speaking?	Cò tha 'bruidhinn?	*coe ha broo·yeeñ?*
Is ... in?	A bheil ... a-staigh?	*uh vil ... uh stuh·ee?*
I'm sorry, he's out	Tha mi duilich, tha e muigh	*ha mee dooleech, ha eh moo·ee*
Can I take a message? (for him)	A bheil thu airson brath/ [fios] fhàgail (aige)?	*uh vil oo irsawn bra/(fiss) ahkal egg·yuh?*
Can you ...(tell her that...)?	An urrainn dhut ...(innse dhi gu..).?	*un oe·reeñ ghoot ...(eenshuh yee goo)..?*
I want to find out if ... is ...	Tha mi airson faighinn a-mach a bheil ...	*ha mee irson fa·yeeñ uh mach uh vil ...*
Do you know if ... is ...?	A bheil fios agad a bheil ...?	*uh vil fiss ackut uh vil ...?*
Tell him I'm out	Can ris gu bheil mi muigh	*can reesh goo vil mee moe·ee*
She's in a meeting just now	Tha i ann an coinneamh an-dràsta	*ha ee unnung koen·yiv undrah·stuh*
I'll tell him you rang	Innsidh mi dha gun do dh'fhòn thu	*eenshee mee ghah goon daw ghoen oo*
I'll ask her to ring you back	larraidh mi oirre fònadh air ais thugad	*ee·urry mee orrih foe·nugh ir ash hoogut*
John is (was) on the phone for you	Tha (Bha) lain air a fòn dhut	*ha (va) ee·an yir uh foen ghoot*
What did he say?	Dè thuirt e?	*jae hoert eh?*
He wanted you to go and give him a lift	Bha e 'g iarraidh ort a dhol ga thogail	*va eh g·ee·urry orsht uh gholl ga hoe·kal*
What's her number?	Dè 'n àireamh a th'aice?	*jaen ahriv uh hechk·yuh?*
There's no reply	Chan eil duine 'freagairt	*chan yil doon·yuh frickurt*
I'm sorry I didn't ring earlier	Tha mi duilich nach do dh'fhòn mi roimhe	*ha mee dooleech nach daw ghoen mee royuh*
I left you a message on the machine	Dh'fhàg mi brath dhut air an inneal	*ghahg mee bra· ghoot irrun eenyal*
I'll phone you when I know	Fònaidh mi thugad nuair a bhios fios agam	*foenee mee hoogut noo·urr uh viss fiss ackum*
Thanks for phoning	Taing airson fònadh	*ta·eeng irsawn foenugh*
Who was that phoning?	Cò bha sin air a fòn?	*koe va shin irruh foen?*
It was ... (a call centre)	'S e (ionad-fònaidh) a bh'ann	*sheh innut foenee uh va·oon*
I'm heartily sick of those people!	Tha mi seachd searbh dhe na daoine sin!	*ha mee shachk sharrav yeh nuh deun·yuh shin!*
Cheerio	Cheery/Mar sin leat	*tchee·ery/mar shin let*
Didn't she have a loud voice!	Nach ann aic' a bha 'n guth mòr!	*nach a·oon echk yuh vahng goo moer!*

Speaking/telling

(See also On the phone, p. 125)

I was speaking to him	Bha mi 'bruidhinn ris	*va mee broo·yeeñ reesh*
We were conversing together	Bha sinn a' còmhradh ri chèile	*va sheen yuh caw·ragh ree ch·yaeluh*
What was she on about?	Cò air a bha i mach?	*koe irruh va ee mach?*
He says he's coming	Tha e 'g ràdh gu bheil e 'tighinn	*ha eh gra goo vil eh tchee·eeñ*
They say they're not tired	Tha iad ag ràdh nach eil iad sgìth	*haht uggrah nach il at skee*
What shall I say?	Dè chanas mi?	*jae channuss mee?*
Tell him you're going away	Innis dha gu bheil thu 'dol air falbh	*eensh ghah goo vil oo doll ir falav*
He told me it couldn't be done	Dh'innis e dhomh nach gabhadh e dèanamh	*yeensh eh ghoe nach gavugh eh jee·annuv*
What questions did they ask?	Dè na ceistean a dh'fhaighnich iad?	*jae nuh kish·jun uh ghuh·eeñeech ee·at?*
They asked me to go	Dh'iarr iad orm a dhol ann	*yee·urr at orrom uh gholl a·oon*
What did you reply?	Dè fhreagair thu?	*jae rickur oo?*
I said I wouldn't (go)	Thuirt mi nach deidheadh	*hoert mee nach jae·ugh*
Are you telling the truth?	A bheil thu 'g innseadh na fìrinn?	*uh vil oo g·eenshuh nuh fee·reeñ?*
Yes. I'm not lying	Tha. Chan eil mi 'g innseadh nam breug	*ha·chan yil mee g·eenshuh num bree·ack*
Did you get a chance to speak to him?	An d'fhuair thu cothrom bruidhinn ris?	*un doo·urr oo korrum broo·yeeñ reesh?*
Yes/No (to *An/Nach d'fhuair ...?*)	Fhuair/cha d'fhuair	*hoo·urr/cha doo·urr*
He makes no mention of it	Chan eil guth aige air	*chan yil goo heg·yuh ir*
I'm not making a fool of you	Chan eil mi 'fanaid/ (magadh) ort	*chan yil mee fannatch/ (mackugh) orsht*
Are you serious?	An ann da rìribh a tha thu?	*un a·oon da reeriv uh ha oo?*
Yes/No (to *An ann/ Nach ann?*)	'S ann/chan ann	*sa·oon /chan a·oon*
She's just joking	Tha i 'bruidhinn ann an spòrs	*ha ee breeñ unnuh spawrs*

Thinking/knowing

What do you think?	Dè tha thu 'smaoineachadh?	*jae ha oo smeun·yochugh?*
Did you think about it?	An do smaoinich thu air?	*un daw smeun·yeech oo ir?*
Do you think it's ready yet?	Saoil a bheil e deiseil fhathast?	*seul uh vil eh jishell hah·ast?*

without any doubt	gun teagamh sam bith	*goon tchickuv sum bee*
It appears so	Tha e coltach gu bheil	*ha eh coltoch gu vil*
I don't think so	Chan eil mi 'smaoineachadh gu bheil	*chan yil mee smeun·yochugh goo vil*
I believe so	Tha mi 'creidsinn gu bheil	*ha mee kritcheen goo vil*
I don't believe so	Cha chreid mi gu bheil	*cha chritch mee goo vil*
What's your opinion (of it)?	Dè do bheachd (air)?	*jae daw v·yachk (ir)?*
I think that ...	Tha mi 'saoilsinn gu ...	*ha mee seul·sheeñ goo ...*
I'm of the opinion that ...	Tha mi den bheachd gu ...	*ha mee jen v·yachk goo ...*
Do you understand me?	A bheil thu gam thuigsinn?	*uh vil oo gam hook·sheeñ?*
What do you mean?	Dè tha thu 'ciallachadh?	*jae ha oo kee·ullochugh?*
I'm not for it at all	Chan eil mi air a shon idir	*chan yil mee irruh hon eejir*
I'm (strongly) against it	Tha mi 'na aghaidh (gu dubh)	*ha mee na a·ghee (goo doo)*
I'm in two minds	Tha mi eadar dà bheachd	*ha mee eddur dah v·yachk*
I don't know	Chan eil fhios agam	*chan yil iss ackum*
Who knows?	Co aige tha fios?	*coe egg·yuh ha fiss?*
You know best	'S ann agads' as fheàrr fios	*sa·oon aghut sush ahr fiss*
He didn't know what to do	Cha robh fios aige dè dhèanadh e	*cha ro fiss egg·yuh jae yee·annugh eh*
Are you sure (of it)?	A bheil thu cinnteach (às)?	*uh vil oo keentchoch (ass)?*
Do you remember that day?	A bheil cuimhn' agad air an là sin?	*uh vil cuh·eeñ aghut irrun lah shin?*
Remind me of it	Cuir 'na mo chuimhn' e	*coor na mo chuh·eeñ eh*
I forgot it	Chaidh e às mo chuimhne	*cha·ee yeh ass mo chuh·eeñuh*
Surely he'll come	'S cinnteach gun tig e	*skeen·tchoch goon jeek eh*
I wasn't sure ...	Cha robh mi cinnteach ...	*cha ro mee keen·tchoch ...*
... if he was coming or not	... an robh e 'tighinn no nach robh	*... un ro eh tchee·eeñ no nach ro*
I've changed my mind	Dh'atharraich mi m'inntinn	*gha·hurreech mee meentcheeñ*
You're out of your mind	Tha thu às do chiall	*ha oo ass daw chee·ull*
You're driving me daft	Tha thu gam chur às mo chiall	*ha oo gam choor ass mo chee·ull*
He hasn't a clue	Chan eil sgot aige	*chan yil scot egg·yuh*

Intention/decision/action

(See also Thinking/knowing, p. 127)

What shall I do?	Dè nì mi?	*jae ñee mee?*
We'll see what can be done	Chì sinn dè ghabhas dèanamh	*chee sheeñ jae ghavuss jee·annuv*
We'll see how it goes	Chì sinn mar a bhitheas	*chee sheeñ marruh vee·uss*

What should be done?	Dè bu chòir a dhèanamh?	*jae boo chawr uh yee·annuv?*
I decided to sell the car	Chuir mi romham an càr a reic	*choor mee rawum ung cahr uh raechk*
He decided it wasn't worth his while	Cho-dhùin e nach b'fhiach e a shaothair dha	*cho ghooñ e nach bee·och eh uh heu·hir ghah*
I fully intended... (to do it)	Bha làn dhùil agam ... (a dhèanamh)	*va lahn ghool ackum uh yee·anniv*
They intended to build it ...	Bha iad am beachd a thogail...	*va at um b·yachk uh hoekal ...*
... but it didn't materialise	... ach cha tàinig e gu buil	*... ach cha dahneek eh goo bool*
He should sit down	Bu chòir dha suidhe sìos	*boo chawr ghah sooyuh shee·uss*
You should see that film	Bu chòir dhut an dealbh sin fhaicinn	*boo chawr ghoot un jalav shin ech·keeñ*
Try to come	Feuch an tig thu	*fee·ach un jeek oo*
I hope they'll appear	Tha mi 'n dòchas gun nochd iad	*hah meen daw·chuss goon nochk at*
We're expecting him	Tha dùil againn ris	*ha dool ackeeñ reesh*
There's no sign of them	Chan eil sgeul orra	*chan yil skee·al orruh*
He usually returns just now	'S àbhaist dha tilleadh an-dràsta	*sah·veestch ghah tcheel·yugh un drahstuh*
Mary used to come	Chleachd Màiri a bhith 'tighinn	*chlechk mahree uh vee tchee·eeñ*
Whether they come or not ...	Ged a thig iad no nach tig ...	*get uh heek at no nach jeek ...*
See if you can lift this stone (for me)	Feuch an tog thu a' chlach seo (dhomh)	*fee·ach un toek oo chlach shaw (ghoe)*
You can't do it	Chan urrainn dhut a dhèanamh	*chan oe·reeñ ghoot uh yee·annuv*
If you can't do it ...	Mur nach dèan thu e...	*manna jee·ann oo eh ...*
I must (try)	Feumaidh mi (feuchainn)	*fae·mee mee (fee·acheeñ)*
No matter what happens...	Mas bi dè thachras....	*mass bee jae hachruss ...*
... they'll do their best	... nì iad an dìcheall	*... nee at un jeech·yull*
... they'll keep going	... cumaidh iad orra	*... koomee at orruh*
Will you manage it?	An dean thu 'chùis air?	*un jee·an oo choosh ir?*
Perhaps it will move	'S dòcha gun gluais e	*stawchuh goong gloe·ush eh*
He had to (finish the report) ...	Dh'fheumadh e (crìoch a chur air an aithisg) ...	*yae·mugh eh (cree·och uh choor irrun A·heeshk) ...*
... even if it took him all night!	... ged a bhiodh e fad na h-oidhche ris!	*get uh vigh eh fat nuh heu·eech·yuh reesh!*

V

The Body

The faculties/senses

the ability, power	an comas	*ung coemuss*
able to	comasach air	*coe·mussoch ir*
a feeling(s)	faireachdainn(ean)	*fa·rochkeeñ (yin)*
the hearing	a' chlaisneachd	*uh chḻashñochk*
the sight	am fradharc	*um freu·urk*
the speech	an còmhradh	*ung caw·ragh*

(See also pp. 30, 35 for sounds and smells; p. 85 for textures)

She is blind	Tha i dall	*ha ee ḏa·ooḻ*
She can't see a thing	Chan fhaic i sìon	*chaṉ echk ee shee·un*
He lost his sight	Chaill e a fhradharc	*cha·eel yeh uh reu·urk*
He is deaf	Tha e bodhar	*ha eh boe·urr*
He can't hear a thing	Cha chluinn e sìon	*cha chḻuh·eeñ eh shee·un*
He can hear the grass growing!	Cluinnidh e am feur a' fàs	*kḻoon·yee ehm fee·ar uh fahss*
He is dumb	Tha e balbh	*ha eh baḻav*
He won't say a word	Cha chan e facal	*cha chan eh fachkuḻḻ*
She is lame (limping)	Tha i crùbach (cuagach)	*ha ee krooboch (koo·uggoch)*
She can't walk	Chan urrainn dhi coiseachd	*chaṉ oe·reen yee coshochk*
He's not too good on his feet	Chan eil e ro mhath air a chasan	*chan yil eh ro va irruh chassun*
What smell is that?	Dè 'm fàileadh tha sin?	*jaem fah·lagh ha shin?*
I can't smell anything	Chan fhairich mise fàileadh sam bith	*chan areech meeshuh fah·lagh sum bee*
What does it taste like?	Dè 'm blas a th'air?	*jaem bḻass uh hir?*
It tastes of honey	Tha blas na meala air	*ha bḻass nuh m·yaḻuh ir*
I didn't touch it	Cha do bhean mi dha	*cha ḏaw ven mee ghah*

Parts of the body

the blood	an fhuil	*uṉ ool*
the bone(s)	an cnàimh (na cnàmhan)	*ung krehv (nuh crah·vun)*
the skin	an craiceann	*ung krachk·yuṉ*

tendon, sinew(s)	fèith(ean)	*fae(hun)*
vein(s)	cuisle(an)	*kooshluh(n)*
the gut	am mionach	*um minnoch*
the heart	an cridhe	*ung cree·yuh*
the kidneys	na dubhagan	*nuh doo·ackun*
the liver	an grùthan	*ung groo·an*
the lungs	an sgamhan	*un skavan*
the stomach	a' bhrù *or* an stamag	*uh vroo (un stamack)*

From head to toe

the hair	am falt *or* a' ghruag	*um falt (uh ghroo·ug)*
the head	an ceann	*ung k·ya·oon*
the back of my head	cùl mo chinn	*koel mo ch·yeeñ*
the face	an t-aodann *or* an aghaidh	*un teu·dun (un eughee)*
the eye(s)	an t-sùil (na sùilean)	*un tool (nuh soo·lin)*
the ear(s)	a' chluas (na cluasan)	*uh chloe·uss (nuh cloe·ussun)*
the nose	an t-sròn	*un trawn*
the mouth	am beul	*um bee·al*
the lips	na bilean	*nuh beelun*
the tongue	an teanga	*un tcheh·ghuh*
the throat, neck	an amhach	*un avoch*
the chin	an smeagailt	*un smag·eeltch*
the body	an corp	*ung corp*
the back	an druim	*un druh·eem*
the shoulder(s)	a' ghualainn (na guailnean)	*uh ghoe·uleeñ (nuh goo·uln·yun)*
the chest, breast	am broilleach *or* an t-uchd	*um brill·yoch (un toechk)*
the [female] breast(s)	a' chìoch (na cìochan)	*uh chee·och (nuh kee·ochun)*
the hip	a' chruachan	*uh chroo·uchan*
the bottom	am màs *or* an tòn	*um mahss (un tawn)*
the arm(s)	an gàirdean (na gàirdeanan)	*ung gahr·jan (nuh gahr·jannun)*
the armpit, oxter	an achlais	*un ach·leesh*
the elbow	an uileann	*un oolun*
the wrist	caol an dùirn	*keul un doerñ*
the hand(s)	an làmh (na làmhan)	*un lahv (nuh lahvun)*
the finger(s)	am meur (na meòirean)/ corragan	*um mee·ar (nuh m·yawrun)/corrackun*

W

the thumb(s)/toe(s)	an òrdag (na h-òrdagan)	*un awrdack (nuh hawrdackun)*
the nail(s)	an ìne (na h-ìnean)	*un eenuh (nuh hee·nun)*
the leg(s)	a' chas (na casan)	*uh chass (nuh cassun)*
the knee(s)	a' ghlùn (na glùinean)	*uh ghloen (nuh gloen·yun)*
the ankle	an t-aobrann	*un eubrun*
the heel(s)	an t-sàil (na sàiltean)	*un tahl (nuh sahl·tchin)*
the foot	an troigh (*or* a' chas)	*un troy (uh chass)*
the big toe	an òrdag mhòr	*un awrdack voer*
the toe(s) *see* thumb *above*		
the sole(s)	am bonn (na bonnan)	*um buh·oon (nuh boe·nun)*

Discomfort, illness and injury

the ambulance	a' charbad-eiridinn (an ambulans)	*uh cha·rabbut irrijeen /un ambulance*
the hospital	an t-ospadal	*un ossputtal*
the doctor(s)	an dotair (na dotairean)	*un dawtar (na dawtarrun)*
the nurse(s)	a' bhanaltram *or* an niorsa (na niorsaichean)	*uh vanaltrum or an nursuh (nuh nurseechun)*
a surgeon	lannsair	*la·oonsir*

(For medicine, see pp. 86–87)

the health	an t-slàinte	*un tlahntchuh*
healthy	fallain	*falañ*
healing	a' slànachadh	*uh slahnochugh*
getting better	a' fàs nas fheàrr	*uh fahss nushahr*
ill	tinn	*tcheeñ*

illness	**tinneas**	*tcheen·yuss*
(infectious) disease	galar (gabhaltach)	*galur (gavaltoch)*
asthma	a' chuing *or* an sac	*uh chu·eeng (un sachk)*
cancer	an aillse	*un al·shuh*
chickenpox	am piocas	*um peech·kuss*
the cold	an cnatan *or* am fuachd	*ung kra·tan (um foo·uchk)*
jaundice	a' bhuidheach	*uh vooyoch*
measles	a' ghriùthrach	*uh ghroo·roch*
mumps	a' phlòic	*uh flaw·eechk*
pneumonia	an grèim	*ung graem*
rheumatism	an lòinidh	*un lawn·yee*
whooping-cough	an t-sriuthach	*un troo·och*

symptoms

a pain	pian	*pee·un*
an ache	cràdh	*krah·gh*
a stab of pain	gath	*ga*
broken	briste	*breesh·tchuh*
itchy	tachaiseach	*t̠acheeshoch*
painful/sore	piantail/goirt	*pee·unt̠al/gorsht*
swollen	air sèid *or* air at	*ir shaej (ir a·t̠)*
uncomfortable	mì-chomhartail	*mee chovurshtal*
a bite	bìdeadh	*bee·jugh*
a bruise	bruthadh	*broo·ugh*
a cut	gearradh	*g·yarrugh*
a pimple	guirean	*gooran*
a rash	broth	*bro*
a scratch	sgrìob *or* sgròb	*skreeb (skrawb)*
a sprain	sgochadh	*skoe·chugh*
belching	a' brùchdadh	*uh broochkugh*
bleeding	a' sileadh fala	*uh sheelugh f̠aluh*
coughing	a' casadaich	*uh cassud̠eech*
passing wind [downwards]	a' bromanaich	*uh brumanneech*
sneezing	a' srèathartaich	*uh st̠ree·urteech*
sniffing	a' smiotadh	*uh smeet̠ugh*
spitting	a' tilgeil smugaid	*uh tcheeleekell smoo·geetch*
vomiting	a' cur a-mach *or* a' dìobhart	*uh coor uh mach (uh jeevurt)*
How are you?	Ciamar a tha thu?	*kimmer uh ha oo?*
How's your mother keeping?	Dè 'n cor a th' air do mhàthair?	*jaeng kor uh hir d̠aw vah·hir?*
(she's) Pretty poor	Chan eil (i) ach bochd	*chan yil (ee) ach bochk*
I'm not well at all	Chan eil mi gu math idir	*chan yil mee goo ma eejir*
I'm ill	Tha mi tinn	*ha mee tcheeñ*
What's wrong with you?	Dè tha ceàrr ort?	*jae ha k·yahr orsht?*
What's bothering you?	Dè tha 'cur (dragh) ort?	*jae ha coor (d̠reugh) orsht?*
I have a cold	Tha 'n cnatan orm *or* Tha fuachd agam	*hahng kra·t̠an orrom or ha foo·uchk ackum*
I have a headache	Tha mo cheann goirt	*ha mo ch·ya·oon̠ gorsht*
My back's sore	Tha mo dhruim goirt	*ha mo ghruh·eem gorsht*
I've a pain in my side	Tha pian 'nam chliathaich	*ha pee·un nam chlee·uh·eech*
I can't turn my head	Chan urrainn dhomh mo cheann a thionndadh	*chan̠ oe·reeñ ghoe mo ch·ya·oon̠ uh h·yoon̠dagh*

W

I'm hoarse	Tha 'n tùchadh orm	*hahn too·chugh orrom*
I've got heartburn	Tha losgadh-bràghad orm	*ha loe·skuh brah·ut orrom*
It's sore when I swallow	Tha e goirt nuair a shluigeas mi	*ha eh gorsht nurr uh look·yuss mee*
I've got pins and needles in my foot	Tha 'n cadal-deilgneach 'na mo chas	*hang caddul jillicknoch na mo chass*
I'm sweating	Tha mi 'nam fhallas	*ha mee nam A·lus*
What's wrong with your arm?	Dè tha ceàrr air do ghàirdean?	*jae ha k·yahr ir daw ghahr·jan?*
It's hurting me	Tha e gam ghoirteachadh	*ha eh gam ghorshtochugh*
My hand's cut	Tha mo làmh air a gearradh	*ha mo lahv irruh g·yarrugh*
What happened to you?	Dè dh'èirich dhut?	*jae yae·reech ghoot?*
He broke his leg	Bhris e a chas	*vreesh eh uh chass*
Is he/it bad?	A bheil e dona?	*uh vil eh donnuh?*
She'll be alright in a few days	Bidh i ceart gu leòr ann an dhà no trì làithean	*bee ee k·yarsht goo l·yawr annuh ghah no tree lah·yun*
The doctor sent him to bed	Chuir an dotair dhan leabaidh e	*choor un dawtar ghan l·yehbee eh*
I'm feeling better	Tha mi 'faireachdainn nas fheàrr	*ha mee fa·rochkeeñ nush ahr*
He's improving	Tha piseach a' tighinn air	*ha peeshoch uh tcheen yir*
She's getting worse	Tha i 'dol nas miosa	*ha ee doll nuss miss*
He's losing ground	Tha e 'tuiteam bhuaithe	*ha eh tootchum voeyuh*
Is the medicine helping?	A bheil an leigheas a' dèanamh feum?	*uh vil un l·yeu·uss uh jannuv faem?*
I couldn't live without it	Cha b'urrainn dhomh bhith beò às aonais	*cha boe·reeñ ghoe vee b·yaw ass euneesh*
It's not much use	Chan eil e gu mòran feum	*chan yil eh goo moe·ran faem*
He had an (road) accident	Bha tubaist (rathaid) aige	*bha toobeesh·tch (rah·eetch) egg·yuh*
Was he badly hurt?	An robh e air a dhroch leòn?	*un ro eh irruh ghroch lawn?*
They were lucky	Bha iad fortanach	*vah at forshtanoch*
He was drunk	Bha 'n deoch air	*vahn joch ir*
He died	Chaochail e *or* bhàsaich e	*cheuchil eh (vah·seech eh)*
He was killed	Chaidh a mharbhadh	*cha·ee uh varra·ugh*
She was drowned	Chaidh a bàthadh	*cha·ee uh bah·hugh*
It's difficult for him to walk	Tha e doirbh dha coiseachd	*ha eh dirriv ghah coshochk*
but he's in good spirits	ach tha e gu math sùnndach	*ach ha eh goo ma soen·doch*

W

134

At the dentist

the dentist	am fiaclair	*um fee·uchklar*
the toothache	an dèideadh	*un jae·jugh*
the tooth (teeth)	an fhiacaill (na fiaclan)	*un yee·uchkeel (nuh fee·uchklun)*
a molar	cùlag	*coe·lack*
the gum	am bannas	*um bannass*
the jaw	an gèillean	*ung gael·yan*
a cavity	toll	*tuh·ool*
a filling	lìonadh	*l·yee·unugh*
I have toothache	Tha 'n dèideadh orm	*hahn jae·jugh orrom*
Open your mouth	Fosgail do bheul	*foe·skil daw vee·al*
Which tooth is sore?	Dè 'n fhiacaill a tha goirt?	*jaen yee·uchkeel yuh ha gorsht?*
This one	An tè seo	*un tchae shaw*
This won't hurt you at all	Cha ghoirtich seo idir thu	*cha ghorshteech shaw eejir oo*
What did the dentist do?	Dè rinn am fiaclair?	*jae ra·eeñ um fee·uchklar?*
She only examined me	Cha do rinn i dad ach sgrùdadh	*cha daw ra·eeñ ee dat ach skroodugh*
He filled a cavity in my tooth	Lìon e toll 'nam fhiacaill	*lee·un eh tuh·ool nam ee·uchkeel*
He pulled it out	Tharraing e mach i	*harring eh mach ee*
Was it sore?	An robh e goirt?	*un ro eh gorsht?*
It was dreadfully sore	Bha e uabhasach goirt	*vah eh oo·uvvassoch gorsht*
but the toothache was worse	ach bha 'n dèideadh na bu mhios'	*ach vahn jae·jugh nuh boo viss*
Did she put you to sleep?	An do chuir i a chadal thu?	*nuh choor ee chadull oo?*
Yes/No (to *An do chuir....*?)	Chuir/cha do chuir	*choor/cha daw choor*
Did you get an injection?	An d'fhuair thu an t-snàthad?	*un doo·ur oo un trah·hat?*
I'm frightened of the dentist	The eagal orm roimh'n fhiaclair	*ha ickul orrom royⁿ yee·uchklar*
I'll go to him again	Thèid mi thuige a-rithist	*haej mee hoog·yᵤʰ ree·eeshtch*
... but only if I have to!	... ach dìreach ma dh'fheumas mi!	*... ach jeeroch ᵢⁿa yae·muss mee!*
I got a balloon from the dentist	Fhuair mise bailiùn bhon fhiaclair	*hoo·ur meeshᵘʰ balloon voen yee·uclᵢklur*

W

Alphabetical Index
of Main Topics

Handy Phrases

English	Gaelic	Pronunciation
How are you?	Ciamar a tha thu?	*kimmer uh ha oo?*
Fine	Tha gu math	*ha goo ma*
Do you speak Gaelic?	A bheil Gàidhlig agad?	*uh vil ga·lick ackut?*
a little	tha beagan	*ha bickan*
not much	chan eil mòran	*chan yil moe·ran*
I'm learning it	Tha mi ga h-ionnsachadh	*ha mee ga h·yoonsochugh*
I don't understand	Chan eil mi 'tuigsinn	*chan yil mee took·sheeñ*
What did you say?	Dè thuirt thu?	*jae hoert oo?*
Can you say that again?	An can thu sin a-rithist?	*ung can oo shin uh ree·eeshtch?*
Many thanks	Mòran taing	*moe·ran ta·eeng*
You're welcome	'S e do bheatha/'s e ur beatha	*sheh daw veh·huh/ sheh urr beh·huh*
Please	Ma 's e do thoil e	*ma sheh daw hol eh*
That's very good (indeed)	Tha sin glè mhath (gu dearbh)	*ha shin glae va (goo jarrav)*
That's great	'S math sin	*smashin*
Right enough (OK)	Ceart gu leòr	*k·yarsht goo l·yawr*
uh-huh	Seadh	*sheugh*
I'm sorry	Tha mi duilich	*ha mee dooleech*
Excuse me	Gabh mo leisgeul	*gav mo lishk·yal*
You needn't bother	Cha leig thu leas	*cha leek oo less*
It doesn't matter	Chan eil e gu diofar	*chan yil eh goo jiffer*
Perhaps	'S dòcha	*stawchuh*
You can say that again!(*lit.* say it!)	Abair e!	*abbir eh!*
I don't know	Chan eil fhios agam	*chan yil iss ackum*
I'm not sure	Chan eil mi cinnteach	*chan yil mee keentchoch*
I don't mind	Tha mi coma	*ha mee coe·muh*
What do you want?	Dè tha thu 'g iarraidh?	*jae ha oo g·ee·urry?*
I want ...	Tha mi 'g iarraidh ...	*ha mee g·ee·urry ...*
Here you are	Seo dhut	*shaw ghoot*
That's enough	Tha sin gu leòr	*ha shin goo l·yawr*
Forget it	Coma leat dheth	*koemuh let yeh*

Don't bother	Na gabh dragh	*na gav dreugh*
Are you coming?	A bheil thu 'tighinn?	*uh vil oo tchee·eeñ?*
Yes/No	Tha/Chan eil	*ha/chan yil*
Hurry up	Greas ort	*gress orsht*
Wait a minute	Fuirich mionaid	*fooreech minnatch*
Don't be long	Na bi fada	*na bee fattuh*
Take it easy	Air do shocair/Socair ort	*irr daw hoch·kir/ soch·kir orsht*
What is it?	Dè th'ann?	*jae ha·oon?*
Who was that?	Cò bha sin?	*coe va shin?*
What are you doing?	Dè tha thu 'dèanamh?	*jae ha oo jee·annuv?*
Nothing	Chan eil càil/Chan eil sìon	*chan yil cahl/ chan yil shee.un*
Where are you going?	Càit a bheil thu 'dol?	*kahtch uh vil oo doll?*
I'm going home	Tha mi 'dol dhachaigh	*ha mee doll ghachee*
I must go	Feumaidh mi falbh	*fae·mee mee falav*
What a pity	Nach bochd sin	*nach bochk shin*
Look out!	An air' ort (fhèin)!	*un ar orsht (haen)!*
Good Health!	Slàinte mhath!	*slahntchuh va!*
Goodnight	Oidhche mhath	*uh·eechyuh va*
My goodness!	Mo chreach!	*mo chrech!*
Oh no!	Obh obh!	*oe voev!*
Out of here!	Mach à seo!	*mach A sho!*

Y